簡単 楽しい 学習者の発話力が伸びる
アイデア満載！

改訂新版

オンライン授業で使える日本語活動集90

著者：岡田 彩
監修：坂本 正

コスモピア

目次

はじめに…………6
本書の使い方…………8
著者メッセージ…………10
電子版の使い方…………26

第1章 オンライン授業とは …………… 11

- 便利なツールの紹介 ………………… 24

第2章 文型別活動50 …………… 27

❶ 日本のあいさつ ………………… 28

❷ バーチャル背景で名刺交換 ………… 30

❸ 誰のですか？ ………………… 32

❹ 今日は何を買おうかな？ ………… 34

❺ 時計、読めるかな？ ………… 36

❻ こんなものがあった！ ………… 38

❼ スリーヒントクイズ ………… 40

❽ カードでマッチング ………… 42

❾ 部屋の様子を描写してみよう ……… 44

❿ 自分の部屋に何がある？ ………… 46

⓫ いくつ足りない？ ………… 48

⓬ 家系図、作れるかな？ ………… 50

⓭ 感想アイデアチャレンジ ………… 52

⓮ どちらの方が安い？ ………… 54

⓯ どちらが好き？ ………… 56

⓰ どこに、何をしにいきたい？ ……… 58

⓱ 健康チェック ………… 60

⓲ ファッション推測ゲーム ………… 62

⓳ 犯人は誰？ ………… 64

⓴ 形容詞なぞなぞ ………… 66

㉑ 春休み、何をしましたか？ …………………… 68

㉒ 日本全国を旅しよう ………………………… 70

㉓ 年中行事の紹介 ……………………………… 72

㉔ 経験ビンゴ …………………………………… 74

㉕ どんな変化があった？ ……………………… 76

㉖ カードを並べ替えて文作成 ………………… 78

㉗ 思い出のアルバムをデジタルで ……………… 80

㉘ 何を描いているでしょう？ …………………… 82

㉙ 何だこれ？ …………………………………… 84

㉚ 日本のルール ………………………………… 86

㉛ 標識をもとに判断してみよう ……………… 88

㉜ どっちが先？ ………………………………… 90

㉝ 行く時と行った時 …………………………… 92

㉞ 道案内をしてみよう ………………………… 95

㉟ 自分の国の迷信を紹介しよう ……………… 98

㊱ お土産をあげよう …………………………… 100

㊲ 感謝のメッセージカードを書こう ………… 102

㊳ どうすればいいですか？ …………………… 104

㊴ うそはどれ …………………………………… 106

㊵ 新型ロボット、発明！ ……………………… 108

㊶ アパート探し ………………………………… 110

㊷ 文作成タブーゲーム ………………………… 112

㊸ バスガイドの説明を聞こう ………………… 114

㊹ チェーンゲーム ……………………………… 116

㊺ 偉大なる製作者 ……………………………… 118

㊻ レビューを書いてみよう …………………… 120

㊼ 自分の町クイズ ……………………………… 122

㊽ 楽しそう！ …………………………………… 124

㊾ どんな比喩？ ………………………………… 126

㊿ ワークシートで穴埋めクイズ ………………128

3

第3章 短時間でできるゲーム活動30 … 131

(51) 形容詞ワードサーチ …… 132
(52) イラストでスリーヒント …… 134
(53) 何秒で言えるかな？ …… 136
(54) カテゴリーを当てよう …… 138
(55) 漢字の一部を隠したけど、わかる？ …… 140
(56) どれがなくなった？ …… 142
(57) 仲間外れはどれ？ …… 144
(58) 記憶力テスト …… 146
(59) イラストはどっちだ？ …… 148
(60) カテゴリーは何だ？ …… 150
(61) ルーレットで文作成 …… 152
(62) 鏡文字、わかるかな？ …… 154
(63) 体の言葉を使った慣用句 …… 156
(64) 規則を探せ！ …… 158
(65) 頭文字から推測できる？ …… 160
(66) メモリーチャレンジ …… 162
(67) シンプル質疑応答 …… 164
(68) 漢字を組み立てよう …… 166
(69) オンラインかるた …… 168
(70) 言葉シャレード …… 170
(71) 神経衰弱 …… 172
(72) ○○といえば！？ …… 174
(73) この単語、何？ …… 176
(74) 再現せよ！ …… 178
(75) 思いつく限り …… 180
(76) 単語、思い出せ！ …… 183
(77) 五感を使え！ …… 186

(78) カテゴリーひらがな表 …… 188
(79) 20回以内に当てよ！ …… 190
(80) 共通の言葉を探せ …… 192

第4章 説明能力をつける活動10 …… 195

(81) 何に使いますか？ …… 196
(82) 季節のイベントを紹介しよう …… 198
(83) なぞなぞ解説 …… 200
(84) 間違い探し …… 202
(85) 短文描写 …… 204
(86) ご当地キャラを作成しよう …… 206
(87) そっくりな絵が描けたかな？ …… 208
(88) 何が違う？ …… 210
(89) アフレコしてみよう …… 212
(90) 納得度1位！ …… 214

第5章 ツール詳細 …… 223

【コラム】 1. 学習者がカメラをONにしてくれない！？ ……130
2. オンライン授業だとテンポが悪く感じる？ ……194

・活動早見表 ……217
・参考文献 ……236

はじめに

　1970年代に日本語教育の世界に入った者からすると、今の日本語教育の状況は本当に夢にさえ見なかったようなことが起こっている。私が駆け出しの頃、1970年代の日本語教育を思い出すと、その時の著名な先生の授業を何人か見学させていただく機会があったが、どの先生も教科書だけ手に持って授業に行き、文法導入から文法説明、そして、口頭練習まで何も見ずにそのままソラで行っていた。たまに漢字のフラッシュカードを見せて、読ませたり、動詞の活用練習をさせたりしていた。その時、何か機器を使った授業と言えば、プロジェクターとスライドを使って、漢字をスクリーンに映し、それを読ませていた先生がいたぐらいである。また教材を作る時に、ひらがなやカタカナそして漢字などの金属製の活字がズラリと並んでいる活版印刷機から、教師が何千という活字から一字一字必要な字を選んで、印字するという気の遠くなるような作業を手作業で行っている現場を見たことがあるが、どこにどういう漢字があるのか、ある程度わかるまで相当な時間がかかるであろうし、また一字一字印字するので終わるまでどのくらい時間がかかるのかもわからない。日本語の先生はこんなに時間をかけて準備しているものなのかと驚いたことを覚えている。

　そういう時代の日本語教育を経験したものから言えば、本当に今の日本語教育は目を疑うばかりに様変わりしている。ICT（Information and Communication Technology）と言われる情報通信技術の進歩は、目覚ましく、それが日本語教育の世界で役に立つようなものであれば、使わない手はないと思うのは、自然の流れであろう。

　企業研修を行っている知人の話では、コロナを機に日本語研修にオンライン授業を導入した企業は、その便利さと同時にオンライン授業でもきちんとした学習効果や、日本語の上達が見られることを確認し、今後も引き続きオンライン授業を続けたいというところが多いと聞く。また、日本語

教師の働き方も多様化してきており、従来の日本語の教室に行って、対面で授業をするという形式に加えて、日本語教師が個人で教えることができるプラットフォームも年々増えてきている。学校教育の現場に目を向けても、いわゆる外国にルーツを持った児童生徒への日本語教育が教師不足でなかなか十分に行われていない現状の中、そのような児童生徒をオンラインで手助けする動きも周囲には既に出始めている。

　もちろんこれまでと同様にICTツールなどを使わない、従来通りの日本語教育もできる。しかし、これからは従来型の日本語教育もできるけれども、ICTツールなどを活用した日本語教育もできるという、懐の深い、出し物の多い日本語教師になる必要があろう。多様な学習者がいて、また、学習のし方も人それぞれ違うであろうし、全員同じ空間での教育活動のみならず、異空間においても異時間においても個別対応ができるような教育方法がこれからは求められるであろう。学習者の状況、環境に合わせて、教師のほうも成長を止めない、成長し続ける教師でいることが求められる。そのために、本書が少しでもお役に立つことをそのために、本書が少しでもお役に立つことを願う。

　最後に、この本の出版に際して、コスモピアの坂本由子社長、それから、エンガワの新城宏治代表取締役に多大なるご支援、ご協力をいただいたことをここに深く感謝したい。さらに、この度本書が新しい情報を付け加えて改訂新版になることを機に、本書で紹介している全ての教材が、著者のプラットホームからダウンロードできるようになった。本書が日本語教師にとってさらに便利なものになったことを、付け加えて、筆をおくこととしたい。

監修者

坂本　正

本書の使い方

本書でご紹介している教材は、全て以下から
無料でダウンロードできます。

https://edujapa.com/mikke/level/online90_activitysite/

本書は、基本的に見開きページで1活動を紹介しています。活動早見表 (p.217〜222) などを参考にしながら活動を選び、オンライン授業で活用してください。また、ここで紹介しているのは活動の一例ですので、皆さんの学習者に合わせて適宜、内容や進め方を工夫してください。

②活動種別
文型別活動／短時間でできるゲーム活動／説明能力をつける活動のカテゴリーがあります。用途に合わせて選んでください。

③タイトル

①活動番号
1〜50（文型別活動）、51〜80（短時間でできるゲーム活動）、81〜90（説明能力をつける活動）合計90の活動があります。

④アイコン
レベル、形態、文型、機能、ツール、所要時間などを示してあります。各アイコンの見方は右ページをご覧ください。

⑤概要
活動の概要を説明してあります。

⑥準備
オンライン授業は事前の準備が大切。授業前に準備しておくことをまとめてあります。

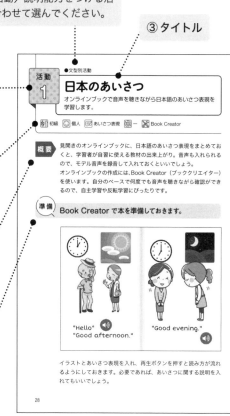

アイコンの見方

- 📊 **レベル** …… 初級＜初級以上＜初中級＜初中級以上＜中級＜中級以上＜中上級のレベルで分けてあります。
- 😊 **形態** …… 個人／ペア／グループ／クラスの形態で分けてあります。個人／クラスは個人でもクラスでも実施できる活動、個人→クラスは個人で実施した後にクラスで実施することを推奨する活動を表しています。
- 📝 **文型** …… 文型別活動は文型を易→難の順に並べてあります。
- ⚙ **機能** …… 機能別に分けてあります。
- 🛠 **ツール** …… 使用するツール別に分けてあります。
- ⏱ **所要時間** …… 「短時間でできるゲーム活動」「説明能力をつける活動」は、その活動をするのに必要なおおよその時間を示してあります。

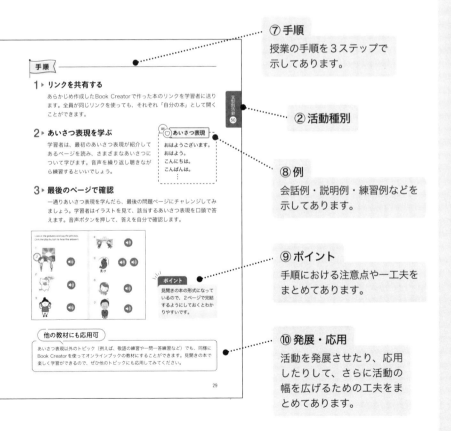

⑦ **手順**
授業の手順を3ステップで示してあります。

② **活動種別**

⑧ **例**
会話例・説明例・練習例などを示してあります。

⑨ **ポイント**
手順における注意点や一工夫をまとめてあります。

⑩ **発展・応用**
活動を発展させたり、応用したりして、さらに活動の幅を広げるための工夫をまとめてあります。

著者メッセージ

　オンライン授業が盛んになってきた昨今、「対面授業はアクティビティを取り入れていたが、オンライン授業で使える活動があまりない」「スライドを見せるだけの授業になってしまい、どうしたらいいのだろうか」「こんな活動がしたい！　というのは頭の中にあるけれど、どんなツールを使えば可能か」——このような悩みを聞くことが増えました。そんなお悩み解決の一助となることを願い、これまでさまざまなアクティビティを授業に導入してきた筆者が、オンライン授業で使える活動を1冊にまとめました。

　文型を中心とした「文型別」の活動には、対面授業でよく導入される活動をオンライン授業に応用したものだけではなく、オンラインならではのユニークな活動も揃っています。また、「短時間」活動では「授業の最後に少し時間の余裕がある。何をしよう？」という時に使える活動を、「説明能力」の活動では「言いたいことを日本語で説明できる」ようになることを目標とした活動を用意しました。さまざまな活動はオンライン授業での使用を想定したものですが、いずれも対面授業での使用も可能です。わいわいと楽しみながら、またはじっくりと考えながら取り組める活動が詰まっています。ぜひ目の前の学習者さんに合わせて、調整しながら実践してみてください。

　最後になりますが、本書の執筆にあたり監修者の坂本正先生と、編集者の株式会社エンガワの新城宏治さんに多大なるご尽力を賜りました。ここに深く感謝申し上げます。

　この本が皆様の日頃の授業やレッスンに役に立つことを願って。

岡田　彩

オンライン授業とは

一口にオンライン授業と言っても、さまざまな授業形態や活動形態があります。それぞれの特徴、メリット・デメリットを整理しながら、効果的にオンライン授業を展開するための基礎知識や注意点を確認しておきましょう。

オンライン授業とは

同期型	非同期型
教師と学習者が同時に同じ空間に集まり、パソコン上でリアルタイムで行われる授業形式	学習者は教科書や講義資料を使って各自で学習する形式

ハイブリッド型	
ブレンド型授業	ハイフレックス型
など複数の形態を組み合わせた授業　月・水・金曜日は同期型　火・木曜日は非同期型	学習者は教室での受講か、同期型オンラインでの受講を選択する

　「オンライン授業」というと、皆さんが思い浮かべるのはどんな授業スタイルでしょうか。教師と学習者が同時にZoomに入り、そこで授業をする形でしょうか。それとも、授業の資料を渡しておいて、オンライン形式のクイズやテストに答えてもらう形でしょうか。

　一口に「オンライン授業」と言っても、実はいくつかの形態に分類されます。まず、「オンライン授業」の主な種類と、その特徴を見ていきましょう。

同期型オンライン授業（Synchronous）

　一般的に「オンライン授業」というと、この形式を想像する人が多いかもしれません。ZoomやGoogle Meetなどを使って教師と学習者が同時に同じ空間に集まり、パソコン上でリアルタイムで行われる授業形式のことです。「同時双方向型」「リアルタイム型」「フルオンライン授業」「ライブ型オンライン授業」と呼ばれることもあります。

\ メリット /
- 場所の制約がなく、遠隔地に住んでいる学習者でも授業を受けることができる。
- グループワークやペアワークがしやすい。
- その場ですぐに質問ができ、フィードバックも与えやすい。
- 迅速にかつ効率的にコミュニケーションがとれるため、対面授業との差が少なく、学習者にも受け入れられやすい (Giesbers et al., 2014)。

/ デメリット \
- 十分なインターネット環境(通信環境)が備わっていることが必要。
- 周囲の騒音などが入らないよう、静かな場所で受講することが求められる。

非同期型授業(Asynchronous)

基本的に学習者は教科書や講義資料(スライド教材、授業動画、文献)を使って各自で学習します。それに対する理解度はオンラインテストやクイズで確認、自由に意見が投稿できるオンラインフォーラムを用いた他の学習者とのディスカッションなどにより評価されます。「オンデマンド型」ともよく呼ばれます。

\ メリット /
- 時間の制限がなく、学習者は好きな時間に自由に学習できる。
- 学習者はわからないところを何度でも見直すことができる。

/ デメリット \
- タイムリーなフィードバックを与えるのが難しい。
- 教師と学習者、学習者間のコミュニケーションが取りにくくなる。
- 学習のモチベーション維持は学習者に委ねることになる。

ブレンド型授業 (Blended Learning)

複数の形態を組み合わせた授業をハイブリッド型授業と言います。ブレンド型授業は、対面授業とオンライン授業を1つのカリキュラムに組み込んだハイブリッド型授業の1つです(注)。例えば、1週間のうち月、水、金

曜日は教室で対面授業を行い、火、木曜日はZoomを使った同期型オンラインクラスを行うようなスタイルが挙げられます。学期全体を通して分けるスタイル（最初の2週は非同期、3～6週は対面、7～9週は同期など）もあります。最近では、対面授業の有無に限らず、同期型授業と非同期型授業を組み合わせたものもブレンド型授業とすることも提唱されています（鈴木2021）。

＼ メリット ／

● 各自のペースで学習を進める個別学習と、他の学習者とのインターアクションがモチベーションの維持にもつながる。グループ・クラス学習の双方を提供することができる（宮地 2009）。

／ デメリット ＼

● コースデザインや準備に時間がかかる。
● 頻繁な授業スタイルの変更は、学習者に負荷を与えることもある。

（注）元々はさまざまな学習形態、複数の手法を組み合わせた方法のことを指し、オンラインに限らず、学校教育以外にも企業研修などで使用される言葉でした。ここではオンライン授業におけるブレンド型授業に焦点を当てています。

ハイフレックス型授業（HyFlex: Hybrid-Flexible）

こちらもハイブリッド型授業の一種で、学習者は教室での受講か、同期型オンラインでの受講を選択します。教員は教室で対面授業を行い、対面の学習者に授業をしながら同期型オンライン授業の学習者にも同じ内容の授業を展開します。

＼ メリット ／

● 学習者は各自で希望する授業形態を選ぶことができる。
● 対面授業が万が一できなくなった場合でも、比較的容易に同期型オンライン授業に切り替えることができる。

> **デメリット**
> ● 教室でのパソコンやマイクなどの設備設定が大変。
> ● 授業中に対面とオンライン両方の学習者をチェックしなければならないので、教師に負荷がかかる。

(参照：ハイフレックス型授業とは
https://www.highedu.kyoto-u.ac.jp/connect/teachingonline/hybrid.html)

　このように、オンライン授業と言ってもいろいろなスタイルがあります。また、どの授業形態を導入するのかという点以外にも、授業の中でどのようにICTツールを使うのかという授業の運営方法にも着目する必要があります。リアルタイムで学習者と顔を合わせる同期型授業を行っていると言っても、ICTツールを利用し学習者間の活発なインターアクションを促す授業もあれば、教員の一方的な説明で終わってしまうような授業もあるでしょう。「授業の型に関係なく、教員によって授業の中でどのようにICTツールを利用しているかにより、授業の運営方法は大きく異なる（辻他、2022）」というのも大切な視点です。「じゃ、ICTツールを用いて学習者間の活発なインターアクションを促す、って一体どうしたらいいの？」と疑問に思う方もいるかもしれません。次に、具体的にICTツールを授業に用いた例をいくつか見ていきましょう。

活動の形態

個人、ペア、グループ、クラス

　オンライン授業の形態がわかったところで、今度は授業に導入する活動の形態に着目してみます。一般的に授業で行われる活動の形態として、個人で行う個別活動もあれば、ペアやグループを作って行う協働活動、またクラス全体で行う一斉活動があります。本書では活動の形態を「個人」「ペア」「グループ」「クラス」の4つに分けましたが、特にペアやグループの活動を多く紹介しています。

ペアやグループ活動の重要性は1980年代から1990年代にかけて活発に議論がなされ、積極的な授業への導入が促されるようになりました (Davies,1982)。ペアやグループワークを導入することで学習者の発話量が一気に増え、学習者が主体性を持つようになり、結果として受け身の授業よりも学びが多くなり、かつ学習者のモチベーションの向上にもつながることが理由です (Ibodullayevna & Qodirovna, 2020)。これまで「教師が一方的に話し、学習者の発言する場が少なかった」という場合、まずはペアやグループ活動を少しずつ授業に取り入れてみるといいでしょう。しかし、ペアやグループ活動を行う際には注意すべき点があります。ペアやグループ活動を導入する際は、どんなことに気をつければいいのでしょうか。

ペアやグループ活動の際の工夫

● グループの人数調整

　ペアは2人、グループというと3人以上を想定しますが、オンライン授業における最適なグループの人数というのはあるのでしょうか。オンライン授業でピア・ラーニングを用いたグループ活動を実践した佐藤（2021）は、1つのグループに4人の学習者を入れた際にアンケートで否定的な反応を示した学習者が1人いたこと、4人だと発話機会が非常に限られてしまうこと、今後も同様の活動をするのであればブレイクアウトルームには3人までにしたいということを報告しています。もちろん、グループ活動として4人以上での活動に意義がある場合は、3人以下という人数に固執することはないでしょう。しかし、短い会話練習や本書で紹介するようなグループ活動は2、3人にとどめておくのが無難かもしれません。

● 活動には時間の設定を

　活動全体にかける時間を意識するのはもちろんのこと、各手順でどの程度時間をかけるのかを学習者に伝えておくこともとても大切です。「今からブレイクアウトルームに行って、この活動をしてきてください。時間は5分」と伝えておくことで、学習者もそれを意識して活動に取り組むことができます。これはアクティブラーニングの基本形を作るポイントの1つ

としても紹介されています（横溝・山田 2021）。本書にはイラストを描く活動がいくつかあります（参照 活動25、28、40）。この時も、イラストを描くことに集中してしまう人がいますが、制限時間を設けておくことで言語活動に割く時間も確保しやすくなるでしょう。

部屋番号とスライド番号を一致させる

　ZoomのようなWeb会議システムとGoogleスライドのようなスライドツールを一緒に使うと便利ですが、その2つを使ってペア・グループ活動をする時には部屋番号とスライド番号を一致させるようにしましょう。Zoomにはブレイクアウトルームと呼ばれる機能があり、それを使えば学習者を各小部屋に分けることができます。その際、各ブレイクアウトルームにはルーム1、ルーム2と部屋番号が書いてあります。Googleスライドにもスライド番号が振られているため、「Room1の人たちはスライド1で、Room2の人たちはスライド2で活動してください」という指示を出すことが可能です。

自由にグループを組ませる場合は

　ブレイクアウトルームを作成する時、学習者が自分たちで部屋を自由に選んで移動する設定ができます（参照p.234ブレイクアウトルームの使い方）。この時、自由に選べるという点から、1つの部屋に人が集中してしまうことがあります。このような状況を避けるには、「自由に移動してもいいが、1つの部屋は多くても3人までになるように移動をするように」という指示を出しておくといいでしょう。

さまざまな活動の種類

　ペアやグループで行う活動には、ロールプレイやディスカッション、ビンゴゲームなどさまざまな種類があり、EFL(English as a Foreign

Language)のクラスで導入されているものが多いです。ここでは、本書で紹介する活動の遂行に必要な２つの主な活動について解説します。

●インフォメーションギャップ
●ジグソー法

インフォメーションギャップ (Information Gap)

● インフォメーションギャップとは

インフォメーションギャップとは、ペアにそれぞれ異なる情報を渡し、それにより生じるギャップ（差）を、会話活動を遂行することで埋める活動のことです。双方が情報交換をする必要性が生じる環境を作り出すことで、ペア

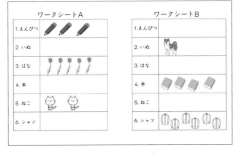

図１　インフォメーションギャップとは

の間で確認する、質問する、より詳細な説明を求めるといった言語活動が活発になることが報告されています (Doughty & Pica, 1986)。対面授業では２種類のワークシートをペアに１枚ずつ渡し、お互いに質問をしながら足りない情報を埋めていきます。図１ではBがAに鉛筆が何本あるかを聞き、Aが答えます。Bはそれを自分のワークシートに書き込みます。２問目はAがBに質問し、Bが答えるという形になります。

● オンライン授業でインフォメーションギャップを導入する

インフォメーションギャップを同期型オンライン授業で導入する場合、Googleスライドなどのスライドツールと一緒にGoogle ClassroomやMoodle、ManabaなどのLMS（Learning Management System：学習管理システム）を使うと便利です。Googleスライドはプレゼンテーションができるだけでなく、オンライン上での共同作業をする時にも活躍します。Googleスライドの使い方は、後述のp.228に詳しい解説があります。

オンライン授業とは

LMSは教師が課題やお知らせを投稿し、学習者もそこにアクセスして課題をこなしたり資料をダウンロードしたりすることができるシステムの総称です。具体的な方法を以下に解説します。

1. 完成図を2種類用意して、LMSにアップロードしておく

図2　完成図1の例

図3　完成図2の例

　それぞれ異なる情報を入れた完成図を用意します。それをLMSにアップロードし、学習者が授業中でも自由に見られるようにしておいてください。

図4　Google Classroomに完成図2つをアップロードした様子

2. Googleスライドでイラストを動かす教材を作る

　Googleスライドに完成図を再現するのに必要なイラストをアップロードしておきます。アクティビティによっては、動かす必要のないものを背景として挿入しておくと便利です（参照 p.229 画像を背景として挿入）。また、スライドもペアの数だけ複製しておきましょう（参照 p.230 スライドの複製方法）。

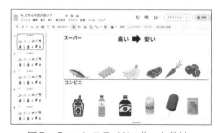

図5　Googleスライドで作った教材

19

3. 1人はGoogleスライドを開き、1人は完成図を見る

　1、2で教材の準備ができたら、3で実践です。ペアのうち1人（学習者A）はGoogleスライド教材を開きます。もう1人（学習者B）はLMS上で完成図を見ます。Aは完成図を見ません。

4. Googleスライド上のイラストを動かして、完成図を再現する

　Bは完成図の内容を描写し、Aはそれを聞いてGoogleスライド上のカードを移動させます。ペアで協力して質問をしたり指示を出したりしながら、完成させます。

図6　インフォメーション・ギャップ活動をしている様子

5. 役割を交代する

　1つ目の完成図が完成したら、役割を交代します。今度はBがGoogleスライドを開き、Aが完成図を開き描写する役となります。もし3の段階でスライド1枚全体を使う場合、1回目の活動が終わった時点でイラストを元の位置に戻しておきます。それにより、役割を交代した後も同じスライドで活動ができます。

ジグソー法 (Jigsaw Method)

● ジグソー法とは

　Aronsonが1978年に提唱した協働学習の1つで、読解活動に焦点を当てたものはジグソー・リーディングとも呼ばれます (Khan & Akhtar, 2017)。ジグソー法を導入することで、読解能力が上がった例や (Azmin, 2016)、それ

まで受身型であった学習者の態度が自主型に変化していった例も報告されています(砂川・朱、2008)。また、従来のグループ活動では高熟達度の学習者ばかりが活躍し、他のメンバーが積極的に発言をしないという問題も指摘されますが、ジグソー法では、他の人が持っていない情報を自分だけが提供できるため、全員の積極的な参加が促されることも報告されています(Davies,1982)。

　ジグソー法にはいくつかバリエーションがありますが、基本的な流れは変わりません(注)。ここでは、ジグソー法を言語教育に用いて、「相手に説明する」活動を実施する際に役立つ方法を紹介します。

1. 学習者は小さいグループ（エキスパート・グループ）に分かれ、グループごとにそれぞれ異なる読み物を読む。

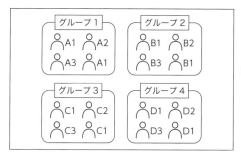

図7　ジグソー法のグループ編成（エキスパート・グループ）

2. グループメンバーと読み合い、意見をすり合わせるなどして内容を理解する。

3. グループを再編成し（ジグソー・グループ）、自分がエキスパート・グループで理解したことを、ジグソー・グループ内のメンバーに共有・説明する。

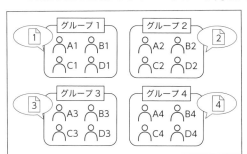

図8　ジグソー・グループ

(注) ジグソー・リーディングにはいくつかの方法がある。
- 1つの話の一部を各エキスパート・グループに配布。グループで読んだ後、ジグソー・グループに情報を持ち寄り、協力して元の1つの文章を再現する方法。
- 1つのトピックやテーマについて複数の視点で書かれた資料をグループに分かれて読み、他の人とその情報を交換し、交換した知識を統合してテーマ全体の理解を構築する方法。
（参照 https://dalt.c.u-tokyo.ac.jp/tips/almethod/a2873/）

オンライン授業にジグソー法を導入する

ジグソー法を同期型オンライン授業で導入する場合、Zoomのブレイクアウトルームを使うとスムーズに行うことができます。

1. 教師は各エキスパート・グループが使用する教材のリンクを準備し、それを学習者に共有します。

2. 次に、教師は学習者をグループに分け、最初のブレイクアウトルームに入ってもらいます。ブレイクアウトルームに入ったら、Zoomの「名前の変更」機能を利用して、各自で名前の先頭に番号を入れます（参照 p.234参加者の名前の変更）。

3. 最初のブレイクアウトルームで、エキスパート・グループとしての活動を行います。この時、全員同じ教材を使用するので、1で教師から送られた教材リンクを1人が画面共有をすると活動がしやすくなるでしょう。

4. エキスパート・グループでの活動が終わったら、今度はジグソー・グループに再編成します。名前の前に番号1と付けた人はグループ1に集まり、他のグループも同様にします。ブレイクアウトルームの再編成は、教師が手動で行ってもいいですし、学習者が自由に動ける設定で行うこともできます。

まとめ

以上、オンライン授業の学習形態と活動例をいくつか紹介しました。同期型オンライン授業への導入を想定して解説をしましたが、活動の一部を家で事前に行ってくる課題とすることで、ブレンド学習への応用も可能に

オンライン授業とは

なります。また、ジグソー・リーディングの前後に「まずは1人で読む」「終わったら自分が今日初めて学んだ表現を書き出す」といった個人活動を取り入れることで、個別活動とグループ活動を組み合わせることもできます。本書の各活動ページでは◎のマークで学習形態を示しており、さらに活動の中には同期型を非同期型に応用する方法を紹介しているものもあります。1つの活動につき1つの授業形態・活動形態と決めてしまわず、柔軟性を持って必要に応じていくつかの形態を組み合わせたり、応用したりすることも視野に入れてみてください。

　また、本書にはたくさんの活動が詰まっていますが、先生方には「目の前の学習者に合わせてアレンジする」ということも忘れずにご使用いただきたいと思います。どの活動も、学習者の背景に関わらず同じように作用したり、普遍的な効果が期待できたりするというものはありません。対象者のバックグラウンド、年齢やクラスの雰囲気、学習スタイルなどによって調整することが必要になります。目の前にいる学習者に合わせて、適切な学習機会や教材を提示することは、教師の大切な役割の1つだと言えるでしょう。

23

便利なツールの紹介

先の「オンライン授業とは」では、GoogleスライドやZoomといったツールが使える活動の一部を紹介しましたが、本書で紹介する活動にはそれ以外のツールを使ったものもあります。ここでは、本書の活動を遂行する際に導入すると便利なツールの特徴を、それぞれ簡単に紹介します。登場するツールは全部で7つです。各ツールの詳細な使い方の説明は、「ツールの詳細」(p.223〜235) をご覧ください。

AutoDraw （オートドロー）

Google社が無料で提供している描画ツールです。ペンや消しゴムなどの基本機能以外にも、AIを利用したペンツールが特徴的です。手書きで描いた絵をAIが自動で判別して、形の整った絵に変換してくれます。

Book Creator （ブッククリエイター）

オンライン上でイラストや文章を入れた本を作ることができるツールです。背景画像や漫画のコマ割りなど、すでに用意された素材も使うことができます。作った本は公開して他の人と共有したり、本物の本をめくっているように読んだりすることができます。

genially （ジーニアリィ）

ジーニアリィは、2000以上のテンプレートの中から好きなものを選んで、プレゼンテーションやゲーム、インタラクティブな画像教材などを簡単に作ることができます。作った教材はURLで共有が可能で、同じリンクを複数の学習者に共有して、それぞれの学習者が別々の教材として使うことができます。

Googleスライド （グーグルスライド）

Google社が提供しているプレゼンテーションツールで、基本的にオンライン上でプレゼンテーションの作成から発表までができます。URLを他の人と共有すると、複数人でスライドを共同編集したり、資料として見たりすることができます。ペン機能はありませんが、線や図形機能を効果的に使うことで、さまざまな活動に活用できます。

Padlet （パドレット）

オンライン上で使える掲示板ツールです。掲示板（ボード）を用意して、そこに学習者に入ってもらいます。学習者は自由に絵や文章を投稿することができます。投稿は描画、動画（録画）、画像、音声などいろいろな形式で行うことができます。各投稿には他の人がコメントをすることができる点も特徴的です。

Wordwall （ワードウォール）

インタラクティブなゲームやオンライン教材が作れるツールです。1つのアカウントで5つまで無料で作ることができます。作れるゲームは、カードめくりやワードサーチ、並び替えやルーレットなど全18種類以上です（アカウントのプランにより作れるゲームの種類が異なります）。

Zoom （ズーム）

授業やミーティングで使うことができる、Web会議システムの1つです。ホストがミーティング用のURLとパスワードを共有することで、他の人も同じオンライン会議室に集まることができます。ブレイクアウトルームと呼ばれる小部屋を作ると、参加者を小さいグループに分けることができます。参加者はそのブレイクアウトルームの中で、グループによる話し合いやアクティビティを行うことができます。

電子版の使い方

本書購読者は無料でご使用いただけます！
本書がそのままスマホでも読めます。

電子版ダウンロードには クーポンコードが必要です

詳しい手順は下記をご覧ください。
右下のQRコードからもアクセスが可能です。

電子版：無料引き換えコード
N9h8Gs

ブラウザベース（HTML5 形式）でご利用いただけます。

★クラウドサーカス社 ActiBook電子書籍（音声付き）です。

● 対応機種
・PC（Windows/Mac）　・iOS（iPhone/iPad）
・Android（タブレット、スマートフォン）

電子版ご利用の手順

❶ コスモピア・オンラインショップにアクセスしてください。（無料ですが、会員登録が必要です）
https://www.cosmopier.net/

❷ ログイン後、カテゴリ「電子版」のサブカテゴリ「各国語・日本語」をクリックしてください。

❸ 本書のタイトルをクリックし、「カートに入れる」をクリックしてください。

❹ 「カートへ進む」→「レジに進む」と進み、「クーポンを変更する」をクリック。

❺ 「クーポン」欄に本ページにある無料引き換えコードを入力し、「登録する」をクリックしてください。

❻ 0円になったのを確認して、「注文する」をクリックしてください。

❼ ご注文を完了すると、「マイページ」に電子書籍が登録されます。

文型別活動 50

さまざまな授業で使えるオンライン活動例を、文型別に50個紹介します。文型は初級レベルから中級レベルへと、少しずつ難しくなるように並べてあります。明日の授業から早速使ってみましょう！

●文型別活動

日本のあいさつ

オンラインブックで音声を聴きながら日本語のあいさつ表現を学習します。

初級　個人　あいさつ表現　 － Book Creator

概要　見開きのオンラインブックに、日本語のあいさつ表現をまとめておくと、学習者が自習に使える教材の出来上がり。音声も入れられるので、モデル音声を録音して入れておくといいでしょう。
オンラインブックの作成には、Book Creator（ブッククリエイター）を使います。自分のペースで何度でも音声を聴きながら確認ができるので、自主学習や反転学習にぴったりです。

準備　Book Creator で本を準備しておきます。

イラストとあいさつ表現を入れ、再生ボタンを押すと読み方が流れるようにしておきます。必要であれば、あいさつに関する説明を入れてもいいでしょう。

> 手順

1 ▶ リンクを共有する

あらかじめ作成したBook Creatorで作った本のリンクを学習者に送ります。全員が同じリンクを使っても、それぞれ「自分の本」として開くことができます。

2 ▶ あいさつ表現を学ぶ

学習者は、最初のあいさつ表現が紹介してあるページを読み、さまざまなあいさつについて学びます。音声を繰り返し聴きながら練習するといいでしょう。

> **あいさつ表現**
> おはようございます。
> おはよう。
> こんにちは。
> こんばんは。
> ︙

3 ▶ 最後のページで確認

一通りあいさつ表現を学んだら、最後の問題ページにチャレンジしてみましょう。学習者はイラストを見て、該当するあいさつ表現を口頭で答えます。音声ボタンを押して、答えを自分で確認します。

> **ポイント**
> 見開きの本の形式になっているので、2ページで完結するようにしておくとわかりやすいです。

> **他の教材にも応用可**
>
> あいさつ表現以外のトピック（例えば、敬語の練習や一問一答練習など）でも、同様にBook Creatorを使ってオンラインブックの教材にすることができます。見開きの本で楽しく学習ができるので、ぜひ他のトピックにも応用してみてください。

| 活動 2 | ●文型別活動

バーチャル背景で名刺交換

ウェブ会議ツールの背景を名刺の画像にして、自己紹介してみましょう。

初級　グループ/クラス　自己紹介　—　Zoom

概要　オンライン授業で名刺を使った自己紹介の練習をしてみましょう。カードを手渡すことができなくても、名刺の画像をウェブ会議ツールの背景に入れれば大丈夫！ 大きくて見やすいバーチャル背景の名刺を他の人に見せることができます。作った名刺背景を見せながら、いろいろな人に自己紹介します。

準備　名刺のバーチャル背景を作成します。

名刺画像作成ツールはいろいろありますが、「バーチャル名刺背景ジェネレーター」（https://online-meishi.biz/）などのウェブサイトを使うと、簡単に名刺画像を作ることができます。

教師が事前に学習者分の名刺を作っておいてもいいですが、授業内で学習者に自分で名刺を作らせるのも活動の１つとして取り入れることができます。

手順

1 ▶ 名刺の画像を配布する

事前に名刺を作っておく場合は、画像の名前を学習者の名前に変えて、学習者がアクセスできるプラットフォームのフォルダに入れておきます。学習者は、各自フォルダの中から自分の名前が入っている名刺の画像を自分のパソコンにダウンロードします。

2 ▶ 画像をバーチャル背景に設定

画像をダウンロードしたら、Zoomのカメラ設定から自分の名刺を背景画像として入れます（参照 p.234 背景設定）。

3 ▶ 他のクラスメートに自己紹介

Zoomのブレイクアウトルームを学習者が自由に動き回れるように設定しておきます（参照 p.234 ブレイクアウトルームの使い方）。学習者は1つの部屋に入り、その部屋にいる人にバーチャル名刺背景を使って自己紹介をします。お互いに紹介し終わったら、また別の部屋に移動し、その部屋にいる人に新たに自己紹介をします。

> **名刺交換の会話例**
>
> A：初めまして。○○と申します。どうぞよろしくお願いします。
> B：初めまして。××と申します。こちらこそ、どうぞよろしくお願いします。

ポイント

ブレイクアウトルームを自由に移動させるのが心配だという場合は、5人など大きめのグループでブレイクアウトルームに分け、それぞれがグループ内で順番に自己紹介をしていくという方法に変えることもできます。3分後にはまた新たな5人グループに編成し直して、シャッフルすることで、多くの人に自己紹介ができます。

活動 3	●文型別活動

誰のですか？

「忘れ物を持ち主に返す」という活動をオンラインで行います。

初級　ペア　誰のですか（所有助詞「の」）　所有　Googleスライド

概要　「これは誰のですか？」と聞きながら、忘れ物を持ち主に返すアクティビティを過去に授業に導入したことがある先生も多いのではないでしょうか。今回は、それをGoogleスライドを使って、オンライン活動として実施する方法を紹介します。ペアで行うインフォメーションギャップの活動です。

準備　**画像を2パターンずつ準備しておきます。**

Googleスライドで画像を動かせるようにしたもの（質問する側が使う）と、元の画像（答える側が使うもの）を、各2パターンずつ用意しておくと、たっぷり練習ができます。Googleスライド教材は2つを別のリンクにしておくことで、混乱を防ぐことができます。

Googleスライド1
（質問する側）

完成図1
（答える側）

手順

1 ▶ 完成図またはGoogleスライドを開く

ペアのうち、学習者AはLMSなどにアクセスして完成図1を見ます。学習者BはGoogleスライド1を開き、イラストが動かせることを確認します（参照 p.18 インフォメーションギャップ）。

2 ▶ ペア活動

学習者Bはスライド中央にあるアイテムを1つずつ順番に取り上げ、「このノートは誰のですか？」と質問していきます。学習者Aは、完成図1をもとに「それは、ささきさんのです」と答えます。学習者Bはノートのイラストを、ささきさんのかばんの上に移動させます。これを繰り返し、Googleスライドの全てのアイテムについて質問し、持ち主に返すことができたら終了です。

3 ▶ 役割を交代し、再度練習

今度は役割を交代し、先ほど完成図1を見ていた学習者AはGoogleスライド2を開き、先ほどGoogleスライド1で活動を行った学習者Bは完成図2を見ます。そして手順2の要領で再度練習します。アイテムを全て返し終わったところで、お互いに完成図とGoogleスライドを見比べ、合っているかどうかを確認しましょう。

ポイント

アイテムの画像に未習の語彙が入っている場合は、事前にそれらの単語を導入しておくか、他のアイテムのイラストに差し替えることをおすすめします。また、同じアイテムでも色違いのものを入れておくと、「このノートは誰のですか？」だけでなく、「このみどりのノートは誰のですか？」と、形容詞を含めた練習をすることができます。

●文型別活動

今日は何を買おうかな？

オンライン上のチラシをクリックして、値段の言い方を練習する活動です。

🏃 初級　☺ 個人　📝 カタカナ、物の値段　📱 提示・説明　✂ genially

概要　genially（ジーニアリィ）を使うと、オンライン上でチラシや広告の値段をインタラクティブに読むことができます。画像に埋め込まれたボタンをクリックしてみてください。値段と品物の名前が出てきます。モデル音声も聞けるようになっているので、学習者1人でも練習ができる教材です。

準備　**本物に近いスーパーのチラシのイラストを使います。**

geniallyで作った教材を準備しておきます。スーパーのチラシのイラストを入れ、その上にボタンを入れます。（下記画像ではプラスのアイコン）ボタンの上にマウスカーソルを合わせると、細かい商品情報が出てきます。さらにボタンをクリックすると、値段を読み上げた音声を聴くことができます。

手順

1 ▶ 使い方を確認

学習者にリンクを送ります。リンクを開くと、チラシの画像が大きく表示されます。それぞれの品物にプラスボタンがついているので、学習者はその上にマウスカーソルを合わせます。すると、チラシ上では見にくい文字情報が大きく表示されます。

2 ▶ クリックして音声を聴く

学習者は、まず値段を見て口頭で読み上げます。さらにボタンをクリックすると、音声で値段が流れます。学習者は音声を聴いて正しい読み方を確認することができます。

3 ▶ 繰り返す

それぞれの食品にプラスアイコンがついているので、1つずつ食品の名前と値段の言い方を練習します。

練習例

（ボタンを押して値段と品物の名前を表示）
学習者：とりにくは、くじゅうにえんです。

（ボタンを押して音声を聴く）
音声：とりにくは、きゅうじゅうにえんです。
学習者：とりにくは、きゅうじゅうにえんです。

ポイント

リンクを共有すれば、学習者は授業時間外でも1人で練習することができます。自習教材としてもおすすめです。

他の教材にも応用可

このようにクリックして詳細を表示させる教材は、geniallyを使えば簡単に作成することができます。「日本地図の上のボタンをクリックすると、各地のご当地メニューが出てくる」「デパートの案内図の上のボタンをクリックすると、その階にある商品の詳細が読める」など、アイデア次第でいろいろな教材が作成できます。ぜひその他のトピックにも応用してみてください。

文型別活動 50

35

活動 5	●文型別活動

時計、読めるかな？

時間の読み方をワークシートで確認します。

初級　個人　時間の読み方　　−　genially

概要　時計のイラストが入ったスライドを見て、時間の読み方の練習を行います。geniallyを使うと、正しい時間の読み方の音声をスライド上で聴くことができます。学習者にリンクを渡せば各自で練習ができるので、学習者が主体的に学習を進めていくことが可能になります。

準備　**さまざまな時計のイラストを準備しておきます。**

時計のイラストにボタンがついたgeniallyのスライドを用意しておきます。ボタンの上にマウスカーソルを合わせると、時間がひらがな表記で出てきます。さらにボタンをクリックすると、その時間を音声で読み上げてくれます。

手順

1 ▶ スライドのリンクを配布

教師は学習者にgeniallyで作ったスライドのリンクを配布します。直感的に操作ができるデザインになっていますが、わかりにくいようであれば「マウスカーソルを合わせると読み方が出てくること」「ボタンをクリックすると音声で時間を読み上げてくれること」を学習者に伝えておきます。

2 ▶ 個人で練習

後は学習者が各自時間を取って練習します。まずは時計のイラストを見て、各自で時間を読み上げます。答えを聴きたい時はボタンを押して確認します。

練習例

（時計のイラストを見て）
学習者：じゅうじくふん

（ボタンを押して音声を聴く）
音声：じゅうじきゅうふん
学習者：じゅうじきゅうふん

ポイント

この活動はボタンを押すと音声が読み上げられるというシンプルな作りになっています。時間の読み方を導入した後の確認練習として使うといいでしょう。

ゲーム性を高める

読み方の確認は個人でじっくりと取り組める活動ですが、本活動をもう少しゲーム性のあるものにすることもできます。geniallyではテンプレートを使ったクイズゲームを作成することができるので、それを活用するといいでしょう。クイズゲームは自動採点もしてくれるので、学習者はその場で正しい答えにたどり着くまで、何度でも挑戦することができます。

●文型別活動

活動 6 こんなものがあった！

身近で見つけたものを Padlet に投稿します。

初級　個人→クラス　～があります、～がいます　存在　Padlet

概要　一歩教室の外に出たら、どんなものがあるでしょうか。「こんなものがあります、こんなものがいますよ」と、クラスメートに写真で伝えてみましょう。Padlet（パドレット）を使えば、自分のスマートフォンで撮影した写真を投稿して、簡単に他のクラスメートに共有することができます。クラスメートが投稿した写真を見てコメントを入れると、より楽しい活動になるでしょう。

準備　近所で見つけたものを写真に撮ります。

Padletでボード（学習者が投稿できる場）を作っておきます。
タイトルのところには、「外に出てください。何がありますか。何がいますか？」と本活動の質問を簡単に書いておきます。お手本として、教師が事前に2つほど写真を投稿しておくと、学習者も投稿がしやすくなるでしょう。

> 手順

1 ▶ ボードに全員入る

学習者はPadletで教師が作ったボードの中に入ります。パソコンのブラウザからでも入ることができますが、外に行って写真を撮る今回の活動では、スマートフォンやタブレットを使った方が便利です。

2 ▶ 個別活動に入る

全員がボードに入ることができたら、各自で写真を撮る作業に入ります。写真を撮ったらPadletに投稿し、自分の名前とキャプションも入れて完成です。

3 ▶ 他の人の投稿にコメントをする

クラスメートの投稿が徐々にPadletに集まってきたら、今度は他の人の写真を見てコメントを書きます。コメントの代わりに星やハートのリアクションボタンで反応することもできます。時間に余裕があれば、グループになって自分の投稿を再度読み上げながらグループメンバーに共有するのも一案です。

ポイント

「自分の部屋にあるポスターを紹介したいけど、ポスターは日本語でもポスター？」などと、キャプションに入れたいけれど単語がわからないものがあるかもしれません。そのような時は、単語を調べてから再度投稿するように促しましょう。

撮影は家ですることも

学習者はPadlet上でボードに入ってさえいれば、時間や場所を問わず写真を投稿することができます。そのため、安全面や規則の問題で学習者が授業中に外に出ることが難しい場合は、写真の撮影は各自家で行ってくる課題にしてもいいでしょう。

●文型別活動

活動 7

スリーヒントクイズ

Zoomのブレイクアウトルーム機能を使用し、3つのヒントから有名人を当てる活動です。

初級　　ペア/グループ　　〜が上手です、〜は〜が（体の特徴）　　評価　　Googleスライド

概要

「この人は、日本の岩手県出身です」「野球が上手で、アメリカで有名です」「とても背が高いです」と、ある有名人を描写する3つのヒントをGoogleスライドに書き出します。他のクラスメートが、そのヒントをもとに「誰のことを描写しているのか」を当てる活動です。中には、大勢の人が知っているのに自分は知らないような有名人もいて、日本語以外の知識も増える活動です。

準備 3つのヒントで答えられるクイズを考えます。

| 1. この人は、日本の岩手県出身です。 |
| 2. 野球が上手で、アメリカで有名です。 |
| 3. とても背が高いです。 |

例1

最初にお手本のスライドを入れたGoogleスライドを1つ、2つ用意しておきます（例1）。

| 1. ヒント1 |
| 2. ヒント2 |
| 3. ヒント3 |

例2

また、学習者が複製して書き込めるよう、テンプレートとなるスライドも用意しておくと活動がスムーズに進みます。テンプレートの文字サイズや行間は、読みやすいようにあらかじめ調整しておきましょう（例2）。

手順

1 ▶ スリーヒントクイズをやってみせる

まずは活動の全体像を理解させるため、教師が作ったスリーヒントクイズを学習者に向けて出題します。お手本のスライドを見せ、教師がスリーヒントを読み上げます。「これは、誰でしょう？」と学習者に質問します。すぐ答えが出ればいいのですが、なかなか答えが出ない場合は、学習者から「今、どこに住んでいますか？」「会社は、どんな会社ですか？」など、質問を受け付けることもできます。

2 ▶ Google スライドに問題を書き込む

活動の内容が理解できたところで、Googleスライドのリンクを学習者に送り、そこに今度は各自で問題を1つ作るように指示します（参照 p.230 ファイルの共有方法）。3枚目のスライドがテンプレートになっているので、それを複製して問題を書き込んでいくことを伝えます（参照 p.230 スライドの複製方法）。学習者が書き込んでいる間、教師はそれぞれのスライドを順番に確認し、文法や表記のミスがあればフィードバックします。

3 ▶ Zoom のブレイクアウトルームで問題を出す

スライドに問題を書き込む作業が終わったら、今度はZoomのブレイクアウトルームを使用します。ブレイクアウトルームは、参加者が自由に部屋を移動できる設定にして開きます（参照 p.234 ブレイクアウトルームの使い方）。学習者は移動した先の部屋で会った人に、自分が作ったスリーヒントクイズを出題します。

> **ポイント**
>
> Zoomの部屋を自由に移動させる場合、1つの部屋に学習者が集中してしまわないように、「1部屋に3人まで」などと制限を設けて、事前に伝えておくといいでしょう。クラスの人数が少ない場合は、Zoomでブレイクアウトルームを移動せず、メインルームで学習者が順番に問題を出し合っていく形にします。

書く作業は宿題に

スライドに問題を作ってくる作業は宿題にし、修正作業と問題を出し合う作業だけを授業内に行うようにすることもできます。

文型別活動 ⑩

●文型別活動

活動 8 カードでマッチング

キーワードのカードを動かして、前件と後件を合わせる活動です。

初級 | 個人/ペア/グループ | ～ので、～から、～けど、～と、～ば、～たら | 理由・条件 | Googleスライド

概要 geniallyやGoogleスライドなどオンラインで使えるスライド系のツールを使います。スライドの上に、前件と後件がバラバラになったキーワードカードを配置しておきます。学習者はそれぞれのキーワードカードを読み、文意が通るようにカードを並び替えます。

準備 前件と後件のキーワードカードを準備しておきます。

キーワードを書いた文字カードの画像を作り、Googleスライドにアップロードします。前件は前件で左側に、後件は後件で右側にまとめておきます。学習者の数だけスライドを複製しておいてください（参照 p.230 スライドの複製方法）。

	じゅぎょうを やすみたいです。
	きょう へやをそうじします。
	プレゼントを かいにいきます。
	スーパーに かいにいきます。
	たくさんアルバイトをします。
あたまが いたいです。	
かいがいりょこうに いきます。	
あした友達が うちに きます。	
らいしゅうは、ともだちのたんじょうびだ。	
うちに ぜんぜん たべものが ありません。	

> **手 順**

1 ▶ お手本を見せる

まずは左側と右側のカードをマッチングさせる活動であることを学習者に伝えます。媒介語を使って説明してもいいですし、実際に1問目をクラス全員で一緒にやってみてもいいでしょう。

2 ▶ 学習者とリンクを共有する

学習者にリンクを送り、全員がリンクを開きます。ペアやグループで活動する場合は、自分が入ったブレイクアウトルーム番号と同じ番号のスライドを使って活動します（参照 p.17 部屋番号とスライド番号を一致させる）。これを伝えておくと、活動がスムーズに進みます。

3 ▶ マッチング実施

1人の場合は、各人がキーワードを読み進めながらカードを動かします。ペアやグループの場合は、メンバーが順番にキーワードを読み進め、カードを動かします。マッチングができたら、前件と後件をつなげて「あたまがいたいので、じゅぎょうをやすみたいです」と一文で言えるように練習します。一定時間がたったら、メインルームに戻り、クラス全員で答えを確認します。

あたまが いたいです。	じゅぎょうを やすみたいです。
かいがいりょこうに いきます。	たくさんアルバイトをします。
あした友達が うちに きます。	きょう へやをそうじします。
らいしゅうは、ともだちのたんじょうびだ。	プレゼントを かいにいきます。
うちに ぜんぜん たべものが ありません。	スーパーに かいにいきます。

> **ポイント**
>
> ペアやグループで行う場合は、事前に問題を解く順番をグループ内で決めてから実施するように指示をしておき、1人が全て答えてしまわないように調整するといいでしょう。

> **カードを動かす以外にも**
>
> Googleスライドには線を挿入する機能もあるので、前件と後件を線でつなぐ形でマッチングをすることもできます（参照 p.228 フリーハンド機能で描画を追加する）。ご自身の授業に合った方法を探してみてください。

文型別活動 50

● 文型別活動

活動 9 部屋の様子を描写してみよう

部屋の家具を動かしていくインフォメーションギャップの活動です。

 初級 ペア 〜の〜に〜があります、位置を表す言葉 説明 Googleスライド

概要　「テレビの横にキャビネットがあります。キャビネットの上には写真があります」といった部屋の様子の描写を聞いて、その通りに部屋に家具を配置していきます。ペアで行うので、聞き取れなかった時には「本棚は机の右ですか？ 左ですか？」と相手に聞き直すことも可能です。会話をしながらチャレンジしてみましょう。

準備　完成図を2種類とGoogleスライド教材を準備しておきます。

完成図①

完成図②

Googleスライド教材

> **手 順**

1 ▶ ペアになる

（インフォメーションギャップの具体的な方法はp.18 インフォメーションギャップを参照） ペアを作り、学習者Aが完成図①を見ながら「部屋の右にたんすがあります。たんすの上に……」と解説をします。学習者BはGoogleスライドを開いて指示通りに家具のパーツを動かします。

2 ▶ 答えを確認する

一通り配置し終わったところで、完成図①とGoogleスライドを見比べ、合っているかどうかを確認します。違う部分があった場合は、どのように説明すればよかったのかを再度ペアで話し合います。

3 ▶ 役割を交代する

確認が終わったら、今度はペアで役割を交代し、学習者AがGoogleスライドを開き、学習者Bが完成図②を見て解説します。学習者Aが使用するGoogleスライドは先ほどと同じものですが、完成図②は違う配置の絵になっているため、全く同じ描写になることはありません。

> **練習の会話例**
>
> A：窓の右に、時計があります。
> B：わかりました。（時計のイラストを窓の右に動かす）
> A：それから、時計の右にはポスターがあります。
> B：わかりました。（ポスターのイラストを時計の右に動かす）
> A：ベッドの上にスマートフォンがあります。
> B：ベッドはどこにありますか？
> A：ベッドは、部屋の右にあります。
> B：わかりました。（ベッドとスマートフォンのイラストを動かす）

リスニングの練習にも

ペアでインフォメーションギャップを行う方法以外にも、教師主導のリスニング練習として行う方法もあります。その場合、学習者はそれぞれ自分のGoogleスライドを複製しておき、教師が部屋の様子を描写するのに合わせて各自で家具のパーツを配置します。一通り説明が終わったところで、教師がお手本を見せ、全員合っているかどうかを確認します（参照 p.230 スライドの複製方法）。

●文型別活動

自分の部屋に何がある？

イラストを見て、それを描写する活動です

 初級　 個人/ペア　〜の〜に〜があります、位置を表す言葉　 提示・説明　 Padlet

概要　自分の部屋に、どんなものがありますか？　自分の部屋の様子をイラストで伝えてみましょう。この活動ではPadletを使います。学習者は、自分の部屋の様子をイラストで描き表します。ペアの学習者は、相手のイラストを見て、それをもとに説明文を付け足します。「これは何ですか？」と会話をしながら、より詳しい文を書くように促すこともできます。

準備　学習者がイラストを描けるようにしておきます。

Padletに学習者が描き込む場所（ボード）を用意しておきます。Padletのボードにはいくつか種類がありますが、ここでは「セクション付きのグリッド」を使用します。

> 手順

1 ▶ 自分の投稿を作成する

学習者は、まずPadletの新規投稿ボタンを押し、描画機能を使って自分の部屋の様子を簡単なイラストにします。投稿のタイトルには、自分の名前を入れておきます。キャプションはつけずに、イラストができた時点で公開ボタンを押します。必要に応じて、まずはお手本を1つ見せてあげるといいでしょう。

2 ▶ ペアに分かれて、相手のイラストを文章で表す

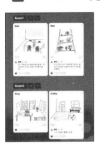

各自イラストが投稿できたら、2、3人のペアになりそれぞれブレイクアウトルームに分かれます。この時、Zoomのブレイクアウトルームの番号に合わせてPadletのボード上のセクションを作っておくと、投稿したイラストをペアごとに分類しやすくなります。そして、自分のペアの相手が投稿したイラストを見て、それを描写する文をコメント欄に書き込みます。

3 ▶ わからないところは、相手に質問する

コメントを書いている時に、「これは何ですか?」「たんすの中に、何がありますか?」など、追加の情報をペアの相手から聞き出すこともできます。事前に「1人最低でも6文は書くこと」「できれば、形容詞も入れてみましょう」といった指示を与えておくと、より細かい情報を聞き出そうとして、会話が活発になります。

ポイント❶
「あまり自分の部屋の様子を伝えたくない」という学習者の場合は、架空の部屋をイラストで再現するように伝えましょう。

ポイント❷
日本語でのタイピングが必要になるので、必要に応じて事前に日本語のキーボードを設定しておくように学習者に伝えておきましょう。

活動後の読み教材として

活動が終わったら、他の人の投稿をクラス全体で読み合わせたり、他の人の投稿を家で読んでくる自習教材にしたりするのも一案です。読んだ投稿には、「コメント」や「アイコン」の機能を使って、簡単なコメントを書き込んだり、「ハート」や「星」などのアイコンでリアクションをつけたりすることもできます(参照 p.232 コメントやリアクションをする)。

活動 11

●文型別活動

いくつ足りない？

イベント会場にある物の数を把握し、足りない分を準備する活動です。

初級　ペア/グループ　助数詞、〜ので、〜から　原因・理由　genially

概要　来週イベントがあるのに、準備がまだ終わっていません。今ある物の数を確認し、足りないものの数を相手に伝えましょう。

スライド上の番号にマウスカーソルを合わせると、「物の名前、現在の数、必要な数」が表になって出てきます。その情報を見ながら、「今、ワイングラスは3つあるので、あと9つ要ります」などと、足りない物の数を相手に伝える活動です。

準備　**イベントに必要なものを考えておきます。**

イベントに必要なものの現在数と必要数を入れたgeniallyのスライド教材を準備しておきます。

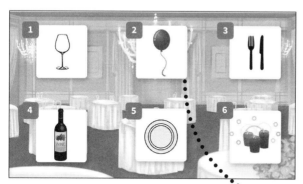

手順

1 ▶ 導入

今度イベントがあるので、そのセッティングを手伝うことになったという場面設定を紹介します。まずはサンプルとなるイラストを見せ、全員で一緒に物の名前、現在の数、必要な数を確認します。そして、「今、風船は5つあるので、あと15要ります」など、必要な数を伝える文を作ることを理解させます。

2 ▶ ペア活動

活動の進め方がわかったところで、教師は学習者にgeniallyのリンクを送ります。学習者はブレイクアウトルームに入ってペア活動を行います。1人3文ずつ作ります。

3 ▶ 音声を聴いて答えを確認

音声アイコンを押すと、答えのサンプルを聴くことができます。ペアでそれを聴きながら答えを確認します。

ポイント

geniallyの代わりに、パワーポイントやGoogleスライドに個数の情報もまとめて表示させた教材を使用することもできますが、geniallyを使用するとクリックして情報を表示させるため、ただスライド上の問題を見て文を作成するよりも、活動に動きを出すことができます。

文で終わらず会話にしてみる

「今、風船は5つあるので、あと15要ります」という文作成の練習で終わることもできますが、さらにペアで会話練習へと発展させることもできます。

A：今、風船は5つあるので、あと15要ります。
B：わかりました。どんな風船を買ってきましょうか。
A：黄色とオレンジの風船がいいと思います。
B：わかりました。

既習の文型や単語に応じて、少し長めの会話を楽しむ活動へと応用してみるのもいいでしょう。

| 活動 12 | ●文型別活動 |

家系図、作れるかな？

イラストを頼りに、絵を動かして家系図を再現するインフォメーションギャップの活動です。

初級　ペア　家族の語彙、家族構成の説明、身体的特徴の描写　説明　Googleスライド

概要

「家族は５人家族です。兄弟が２人います。姉が１人と妹が１人います」。家族について説明するのは、簡単そうに思えて意外と難しいものです。ここでは、Googleスライドとお手本のイラストを使って、家系図を再現するインフォメーションギャップの活動を行ってみましょう。

準備 完成図とGoogleスライドを準備しておきます。

完成図と、イラストを動かせるようにしたGoogleスライドを２パターンずつ用意します。デモンストレーションで使用するサンプルもあると便利です。

完成図（サンプル用）　　完成図（学習者用）

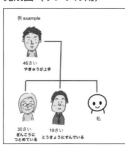
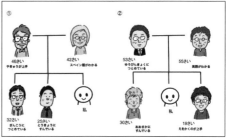

Googleスライド（学習者用）

完成図は、GoogleクラスルームなどのLMSに事前にアップロードしておき、学習者が見られるようにしておきます。

手順

1 ▶ デモンストレーションを見せる

まず教師は学習者に完成図（サンプル用）を見せます。次に、教師は
Googleスライドを自分の画面に表示し、画面共有します。そして、「何
人家族ですか？」「お父さんはどんな人ですか？」「おいくつですか？」
と学習者に質問します。学習者は、完成図を見ながら、「4人家族です」
「46さいです」「野球が上手です」と質問に答えます。教師はその答え
を聞いて、Googleスライド上のイラストやキーワードを動かして家系
図を完成させます。

2 ▶ ペアワークに移る

教師と学習者のデモンストレーションが終わったら、学習者はブレイク
アウトルームに入り、今度は学習者同士ペアになって活動を行います。
1人が完成図（学習者用）を見て、家系図を説明します。もう1人は
Googleスライド（学習者用）を開いて、イラストを動かしながら家系
図を完成させます。

3 ▶ 答え合わせ

一通り終わったら、自分たちで画像を見比べながら、正しく家系図を作
れたかどうか確認します。時間に余裕があれば、自分たちで新しい家系
図を作って再挑戦することもできます。

自習用の教材として

今回はGoogleスライドを使って、授業内でペアで行うインフォメーションギャップの活
動として紹介しましたが、geniallyを使って自習用教材にすることもできます。その場合は、
家系図を描写する文を音声ファイルとして挿入しておけば、学習者はその音声を聴いてイ
ラストを並び替える練習をすることができます。

●文型別活動

活動 13　感想アイデアチャレンジ

カードをめくり、そこに出た単語で形容詞を入れた文を作る活動です。

初級　ペア/グループ　形容詞文、形容詞の過去形　説明　Wordwall

概要　カードをめくり、そこに出たイラスト（または単語）を使って文章を作ります。「簡単、簡単！」と思う人は、10秒以内などといった制限時間を設けてチャレンジしてみましょう。ツールはWordwall（ワードウォール）を使うのがおすすめです。簡単にカードめくりアクティビティを作ることができる上に、アニメーションがついていたり、音も出たりして、楽しく活動を行うことができます。

準備　Wordwallでカードめくりゲームを作っておきます。

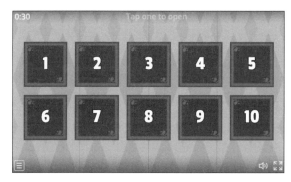

カードをめくる前

カードを全てめくった後

手順

1 ▶ お手本を見せる

まずは、教師の画面でWordwallを表示し、その様子を画面共有します。学習者の1人にカードを選んでもらい、そのカードをクリックします。クリックするとカードが1枚めくれるので、そこに出たイラスト（または単語）を使って文を作るように指示します。

2 ▶ 作成する文の形を決める

文のパターンは「動詞文1つ、形容詞文1つ」「形容詞の過去形を使った文」などと決めておくといいでしょう。

例) パフェ：昨日パフェを食べました。おいしかったです。
　　ネコ：昨日、友達の家でネコを見ました。かわいかったです。

2、3名ほど繰り返し、活動手順がわかったら、グループワークに移ります。

3 ▶ グループワークに移る

3、4名のグループを作り、ブレイクアウトルームに入ります。グループのリーダーがWordwallを開き、画面共有をします。音声共有も忘れずに設定しましょう。グループメンバーの1人がカードを1枚選び、リーダーはその番号のカードをめくります。その番号を選んだ人は、そこに出たイラストを使って文を作成します。文を作ることができたら、次のグループメンバーが番号を選び、リーダーがカードをめくります。これを繰り返し、全てのカードで文を作ることができたら終了です。

ポイント

簡単すぎる場合は、制限を加えれば活動の難易度を上げることができます。

例) かばん
形容詞を2つ以上使った文を作成する

おととい新しいかばんを買いました。大きくてかっこいいです。

対面授業でも

Wordwallはオンラインで使えるツールですが、教師のパソコン画面をプロジェクターに映せば、対面授業への応用も可能です。その場合、学習者は3、4人のグループを作ります。教師は1つのグループに番号を選ばせ、該当するカードをめくります。表示されたイラストを使って、それぞれのグループで話し合って1つずつ文を作ります。その場でどんな文を作ったか順番に発表させたり、他のグループと使用する形容詞が同じにならないような文が作れたらポイントをあげたりするなどします。

53

●文型別活動

活動 14 どちらの方が安い？

相手に質問しながら、品物を値段の高い順に並べるインフォメーションギャップの活動です。

🏃 初級　😊 ペア　📝 〜と〜とどちらの方が、〜の方が〜より　⚙ 比較　✂ Googleスライド

概要　値段のリストを持っている相手に質問し、手元のカードを値段の高い順に並べてみましょう。対面授業であればもちろんカードを使うことができますが、オンライン授業の場合はGoogleスライドを使ったインフォメーションギャップの活動として行うことができます。

準備　価格表とGoogleスライドの教材を準備しておきます。

2種類の価格表と、Googleスライド教材（イラストを動かせるようにしたもの）を準備しておきます。

価格表①（スーパー）

価格表②（コンビニ）

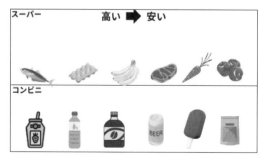

Googleスライド教材

手順

1 ▶ ペアで役割を決める

（基本的なインフォメーションギャップの活動の方法はp.18 インフォメーションギャップを参照）ペアのうち、学習者Aは価格表①（スーパー）を見ます。学習者BはGoogleスライド教材を開きます。学習者Bは「卵とりんごと、どちらの方が高いですか？」と学習者Aに質問をし、学習者Aは価格表を見ながら答えます。その答えに応じて、学習者Bはイラストを動かします。質問を繰り返し、6つの商品のイラストを左から高い順に並べていきます。

2 ▶ 役割を交代する

スーパーの商品を一通り並べ終わったら、ペアの役割を交代します。今度は学習者Bが価格表②（コンビニ）を見て、学習者Aは同じGoogleスライドの下段を使います。学習者Aが質問をし、学習者Bが答えるという同様の手順を繰り返します。

3 ▶ 解答の確認

並べ終わったら、価格表とGoogleスライドを照らし合わせ、合っているかどうかを確認します。

ポイント

早く終わったペアは、もう一度イラストを元の位置に戻して再挑戦しますが、今度は価格表ではなく「自国の場合はどうか？」を考えて質問に答えるといいでしょう。国によっては果物より野菜の方が高いところや、ボトルの水が高いところなどもあり、それぞれの国の物価情報がわかり、盛り上がります。

アクティブラーニングに応用してみる

品物の値段以外にも、実生活に基づいた事柄を使うこともできます。例えば、日本の硬貨を題材にします。5円玉、10円玉、50円玉、100円玉について「10円玉と50円玉、どちらの方が大きいと思いますか」「50円玉の方が大きいと思います」などと会話をしながら、相手が思う順序にイラストを並び替えるというものです。学習者の身近にあるけれど、意外と知らないトピックを使うといいでしょう。

●文型別活動

活動
15

どちらが好き？

2つのものを比べ、相手の答えによってアイコンを移動させます。クラスの統計が取れる、おもしろい活動です

📊 初級　☺ 個人/ペア/グループ　📝 〜と〜とどちらの方が、〜から、〜ので　⚙ 比較　✂ Google スライド

概要

「夏と冬、どちらの方が好き？」──「夏が好き！」「冬が一番好き」など、人によって答えはさまざまです。1つのスライドに比較する質問を表の形式にしたものを1つずつ載せておきます。ペアでお互いに質問をし合い、相手の答えが当てはまるところにアイコン画像を動かしてみましょう。ここでは、Google スライドを使った方法を紹介します。

準備 比較の質問を表形式にしてスライドに入れておきます。

表は背景を固定して動かないようにしておきましょう（参照 p.229 画像を背景として挿入）。表の外側には、♥のアイコンの画像をクラスの人数分入れておきます。

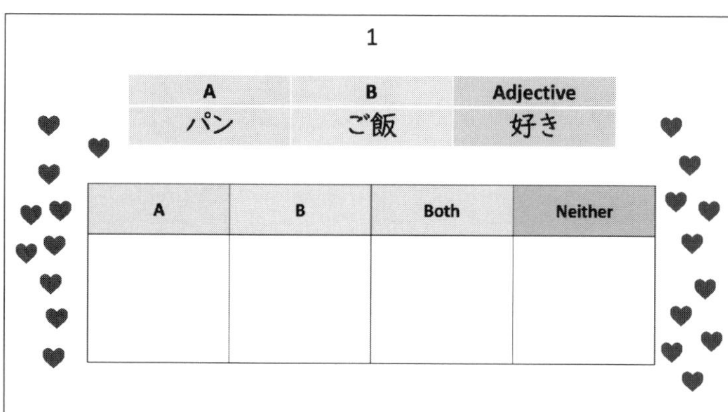

1

A	B	Adjective
パン	ご飯	好き

A	B	Both	Neither

56

> 手順

1 ▶ お手本を見せ導入する

まずは教師の画面で1つのスライドを開き、1人の学習者に「AとBと、どちらの方が〜ですか？」と質問します。学習者の答えに応じて、表の外にある♥のアイコンを該当する欄に動かします。1つ目のスライドが終わったら、次のスライドに移動し、質問→回答→♥のアイコンを動かすという作業を繰り返します。

2 ▶ ペア活動に入る

実施方法がわかったところで、ペアやグループに分かれてブレイクアウトルームに入ります。2人ともGoogleスライドを開き、1人が質問をし、質問者は相手の答えを聞いて♥のアイコンを動かします。役割を交代し、2人とも全ての質問に回答します。早く終わったチームには、「なぜそう思うか」などを話し合ってもらいましょう。

3 ▶ クラスの統計を見る

全員が♥のアイコンを動かし終わったことが確認できたら、全員をメインルームに戻します。そして、スライドの1からどんな回答が一番多かったか、意外だったものは何かなどを簡単に話し合いながら確認します。「どうしてそう思うか」と聞けば、理由を言う練習にもなるでしょう。

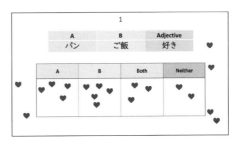

> **ポイント**
>
> ペアではなくグループ活動にする場合は、グループの中で誰か一人がGoogleスライドのリンクを開き、その画面を共有するとスムーズに進めることができます。画面共有は1人が行いますが、質問をするのは順番を決めてグループ内の全員が話す機会が得られるようにします。

活動16 ●文型別活動

どこに、何をしに行きたい？

日本には楽しい名所がたくさん！　日本地図をクリックして、どこで何ができるか見てみましょう。

初級　個人→グループ　目的の「に」　目的　genially

概要　日本には東西南北、いろいろな名所があります。geniallyで作った日本地図をクリックして、各地でできることを覗(のぞ)いてみましょう。意外と知らない隠れた名所について知ることができるかもしれません。

準備　日本地図のスライドを準備しておきます。

日本各地のアイコンを押すと詳細が表示されるようにしておきます。

PowerPointやGoogleスライドを使って、同様の教材を作成することも可能です。

手順

1 ▶ クラス全体に導入

活動を始める前に、教師はgeniallyで作った教材を画面共有して学習者に見せます。「日本にはいろいろな観光スポットがありますが、どこに行きたいですか」と、まず1人の学習者に聞きます。学習者は日本地図の中から場所を1つ選びます。教師は選ばれた場所のアイコンをクリックします。そして表示された情報を読みながら、そこでどんなことができるのかをクラス全体に紹介します。

2 ▶ 個人活動へ

「好きな地名をクリックすると詳細が表示される」というgeniallyの使い方がわかったところで、リンクを学習者に伝え、各自で日本地図を開いてもらいます。ここからは個人活動になることを伝え、自由にマップをクリックして詳細を読む時間にします。「後でグループになり、自分がどこに、何をしに行きたいかを伝える」ということを念頭に5分～10分ぐらいで取り組むように伝えておくといいでしょう。

3 ▶ グループ活動へ

個人活動が終わったら、今度は3、4人のグループを作ります。そして個人活動で得た情報をもとに、グループ内で「どこに、何をしに行きたいのか」を他のグループメンバーに伝えます。一通り終わったら、メインルームに集まり、再度クラス全体に向けて共有してもらいます。

> **ポイント**
>
> 行きたい場所とその目的を伝える時には、最初から一文で「～に～をしに行きたいです」と伝えてしまってもいいですし、他のメンバーと協力して「～に行きたいです」「～に何をしに行きたいですか?」「～をしに行きたいんです」という会話形式で進めることもできます。

自習用の教材として

本活動では、マップをクリックして読む活動も「個人活動」として授業時間の中に組み込みましたが、これを宿題(予習)として事前に行ってくるように指示を与えておくこともできます。授業時間内に十分な活動時間が取れないことが懸念される場合は、LMSなどでgeniallyのリンクを共有しておき、事前に読んできてもらうだけでも授業内の活動時間を縮めることが可能です。

文型別活動 50

59

●文型別活動

健康チェック

普段どのぐらい健康に気をつけているか、チェック項目に印をつけながらポイントで示します。

初級　ペア　～ています（習慣）　習慣　Googleスライド

概要　普段、健康に気をつけていますか？ Googleスライドを使って、チェック項目に答えていくと、あなたの健康度がわかります。個人で行う場合は読む練習として、ペアで行う場合は会話練習として実施できます。サンプルでは設問数が6つになっていますが、学習者のレベルに応じて問題数を調整してください。

準備 健康に関わる質問を考えます。

Googleスライドに質問の画像を挿入し、それを背景固定しておきます（参照 p.229 画像を背景として挿入）。

右側に◯のアイコンを入れておきます。これは固定せず、自由に動かせるようにしておく必要があります。

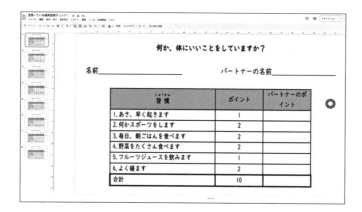

> 手順

1 ▶ お手本を見せ、使い方の確認

まず、教師がスライドを画面共有し、テキストボックス機能を使って「自分の名前」を左上に書き込む様子を見せます。パートナーの名前は、後でブレイクアウトルームに入った時に記入させます。最初の質問を例として1人の学習者に聞き、学習者が「はい、～ています」と答えた場合に◯のアイコンを「パートナーのポイント」欄に動かします。

2 ▶ リンクの配布とペアワーク

全体の流れを紹介したところで学習者にリンクを送ります。学習者はテンプレートのスライドを各自で複製し（参照 p.230 スライドの複製方法）、左上に各自の名前を記載します。各自スライドの準備ができたら、ブレイクアウトルームに入り、ペア活動に移ります。1人に1～6まで1つずつ質問し、相手が「はい、～ています」と答えたところに◯のアイコンを動かします。

3 ▶ 合計点を書き込む

質問を一通りし終えたら、◯がついた質問の合計点を計算して書き込みます。他のペアも終わったのを見計らい、ブレイクアウトルームを終了し、メインルームに戻らせます。メインルームでは下記のようなイラストを見せながら、各自の健康ポイントがだいたいどのぐらいであったかを確認します。

パートナーのけんこう
(healthy) ポイント

0-3points 　4-6points 　7-9points 　10points

> 会話に発展させる

ペアでの活動が終わった後は、会話に発展させることができます。野菜をたくさん食べると回答した相手には「どんな野菜を食べるんですか？」と質問したり、「朝は早く起きる」と答えた相手には「何時ごろ起きるんですか？」と質問するなど、会話を膨らませてみてください。

| 活動 18 | ●文型別活動
ファッション推測ゲーム
Zoomのカメラだけで簡単にできる活動です。

初級　グループ/クラス　着脱動詞、〜ています　結果の状態　Zoom

概要 オンライン授業の特徴の１つは、カメラを自由につけたり消したりできること。この活動では、それを最大限に活用してみましょう。クラスメートの中の１人のカメラだけを消し、他の人がその人のファッションを当てるゲームです。

準備 **Zoomのカメラ機能が使えることを確認しておきます。**

身に着けられる小道具（帽子、マフラーなど）を用意しておくと、活動の幅が広がります。

> **手順**

1 ▶ 1人の学習者のカメラを消す

最初は学習者全員のカメラをつけた状態にし、全員の様子が見えるようにしておきます。教師は30秒ほど時間を与え、その日のクラスメートのファッションをできるだけ覚えるように指示します。30秒たったところで、教師がクラスメートのうち1人のカメラを合図なく消します。

2 ▶ 質問する

教師は、カメラを消された学習者Aのファッションについて、他の学習者に覚えているかどうか質問します。

例）　教師　：「今日、Aさんはピンクのシャツを着ていますか？」
　　　学習者1：「はい、ピンクのシャツを着ています」
　　　学習者2：「いいえ、白いシャツを着ていました」
　　　学習者3：「わかりません……でもピンクのシャツを着ていたと思います」

---

3 ▶ 答え合わせ

何人かが答えたところで教師はカメラをONにして、答えを明かします。「はい、Aさんは今日ピンクのシャツを着ていますよ」。同様の手順で、今度は別の学習者のカメラを合図なく消し、その学習者のファッションについて出題します。

> **ポイント**
>
> カメラがONになっている状態では当たり前に見ていたものも、OFFになった瞬間に意外と記憶が曖昧になることがあります。楽しみながらチャレンジしてみてください。

> **ちょっとスパイスを加える**
>
> 何度か出題するうちに、クラスメートのファッションに慣れてきて、問題が簡単になってしまうことがあります。そんな時は1分ほどファッションチェンジの時間を設けます。1分の間に帽子やマフラーなど、何か小物を身に着けて、また新しい問題を出題できるようにしましょう。

| 活動 19 | ●文型別活動
犯人は誰？
学習者からのリクエストの多い人気の活動です。 |

 初級　 個人／グループ　 ～て～て　 順序　✂ Book Creator

概要　平和な町で事件が起こりました！
容疑者4人のアリバイを読み、うそをついている1人を見つけてください。アリバイは、「その日何をしていたか」が「て形」を使った時系列で書かれています。
この活動ではBook Creatorを使ってみましょう。学習者は自分のペースで、オンライン上のアリバイを読み進めることができるので便利です。

準備　容疑者4人のアリバイを準備します。

7じごろ うちにかえって、8じごろ 田中さんに でんわを かけました。12じまで べんきょうして、ごぜん1じごろ ねました。

大山かな

田中ひろし
6じに うちに かえって、8じに 本田さんに でんわを かけました。本田さんは うちに いませんで した。9じに 大山さんにでんわを かけて、10じごろ ねました。大山さんは うちに いました。

7じに うちに かえって、8じに 下川さんと うちで あそびました。9じから 11じまで テレビをみて、ねました。

本田ゆうすけ

下川なお
6じから 7じまで じゅぎょうにいって、8じごろ 本田さんの うちに いきました。11じはんごろ うちに かえって、12じごろ ねました。

> 手順

1 ▶ 事件があった！という設定を導入

まずは学習者に向けて「友達の家に行ってみたら……友達がいなくて部屋が荒らされている！ 犯人は一体、誰？」という場面設定を導入します。

2 ▶ 怪しい人は4人

疑いのある人の写真と名前のページを見せ、それぞれの人の名前の読み方を確認します。そして、「4人全員のアリバイを読んでいくと、1人がうそをついているということがわかるので、その犯人を探す」ことが目的であることを学習者に伝えます。

3 ▶ 個人またはグループで読み進める

Book Creatorのリンクを学習者と共有し、各自またはグループで読み進めます。個人の場合は、犯人がわかった人から教師に言いにくるようにします。グループ活動の場合は、一定時間内にグループで協力して本を読み、犯人だと思う人を1人、グループで相談して選ぶようにします。最後に答え合わせをして終了です。

ポイント

犯人がわかると、すぐにみんなの前で言ってしまう人がいるので、わかったらこっそりと先生に言ってもらうように指示をしておきます。

> 自習教材として

Book Creatorのリンクを学習者と共有すれば、自習教材として活用することもできます。答えは、メールやGoogle Classroomなど別のプラットフォームで提出させるなどしてもいいでしょう。ハイブリッド型のように顔を合わせる機会があれば、本は事前に読ませておき、リアルタイムの授業内で答えを確認するという方法もあります。

●答え　田中ひろし

●文型別活動

活動 20 形容詞なぞなぞ

2つ以上の形容詞を使ったなぞなぞを作ってみましょう。

📊 初級　😊 グループ　📝 形容詞て形　⚙️ 列挙　🔧 Zoom

概要　「赤くて丸いもの」「高くてゆうめいなもの」──これは一体何でしょう？　2つ以上の形容詞を使って、グループでなぞなぞを作ります。後でグループを再編成し、他のメンバーに出題します。何問わかるかな？

準備　**なぞなぞの問題は学習者が考えます。**

学習者が自分たちでなぞなぞの問題を作るので、教師が問題を準備する必要はありません。ただし、グループ編成は事前に作っておくといいでしょう

手順

1 ▶ グループ分け

まずはクラス全体を4、5人ぐらいのグループに分けます。各グループはブレイクアウトルームで、形容詞を2つ以上使った問題を5つ考えます。必要であれば、最初に教師から2、3問お手本を見せます。

＜グループ編成＞
以下のような表を見せて、学習者には自分で部屋に入ってもらうようにします。

グループ1	グループ2	グループ3	グループ4
Aさん	Eさん	Iさん	Mさん
Bさん	Fさん	Jさん	Nさん
Cさん	Gさん	Kさん	Oさん
Dさん	Hさん	Lさん	Pさん

2 ▶ グループ活動

グループ内で話し合って、問題を考えます。考えた問題はグループの全員が各自で手元のメモに書いておくなどして、後ほど出題する時の準備をするように伝えてください。

> 例) 白くて小さいものは何でしょう?
>   ヒント) 日本でよく食べます。　答え:こめ（ごはん）
>
>   冷たくて、甘いものは何でしょう?
>   ヒント) コンビニにあります。　答え:アイスクリーム
>
>   茶色くて、丸いものは何でしょう?
>   ヒント) 甘い食べ物です。　答え:ドーナツ

3 ▶ グループを再編成して出題する

各グループで5問ずつ問題が用意ができたら、メインルームに集まりグループを再編成します。縦割りだったグループを横割りにすると、バランスのとれたグループが再編成できます。

後は、グループ内で出題していきます。まずは問題を言い、いくつか答えが出たところでヒントを伝えます。最終的に正しい答えが出ればOKです。

グループ1	Aさん	Eさん	Iさん	Mさん
グループ2	Bさん	Fさん	Jさん	Nさん
グループ3	Cさん	Gさん	Kさん	Oさん
グループ4	Dさん	Hさん	Lさん	Pさん

ポイント

出題範囲が広くなり難問になってしまうのを防ぐには、「答えは食べ物に限定して」など、トピックに制限をかけるのも一案です。

スライドに書かせて確認しやすくする

ここでは手元のメモに書かせて出題する方法を紹介しましたが、中には文法や表記の間違いを残したまま出題してしまう人もいます。そのようなことが懸念される場合は、メモではなくGoogleスライドに各グループの問題をタイプしてもらうと、教師は書いている様子を確認し、必要に応じてフィードバックを与えることができます。

活動 21

●文型別活動

春休み、何をしましたか？

週末や長期の休みについて、写真と文章を使って紹介する活動です。

 初級　　個人→クラス　　動詞の過去形、〜たり〜たり　　 並列・列挙　　 Padlet

概要　春休みはどうでしたか？ 行ったところ、食べたもの、見た映画などを、写真やイラストつきの文章でクラスメートに紹介しましょう。Padletは1人ずつの投稿をまとめて掲示板のように表示できるツールです。写真を挿入したり文章を書いたりする作業は各自で行いますが、他のクラスメートが書いた内容を読んでコメントを入れる作業を取り入れることで、クラス活動にもなります。

準備　**Padletで学習者が投稿できる場（ボード）を準備しておきます。**

ボードの種類はいくつかありますが、ここでは「ウォール」タイプを使用します。

＋ボタン

手順

1 ▶ 教師が作った Padlet に学習者が入る

まずは学習者にリンクを送り、Padletで作ったボードに学習者を招待します。Padletを初めて使う場合は、簡単に使い方を確認します。右下の＋ボタンを押すと投稿ができます。自分の持っている写真をアップロードしてもいいですし、検索窓からキーワードで画像を検索することもできます（参照 p.231 基本の使い方）。

2 ▶ 個人で投稿

使い方がわかったら、学習者はそれぞれ自分の春休みについての写真と文章を投稿します。学習者が投稿している間、教師はそれぞれの投稿を見て、文法や表記のミスがあればフィードバックします。

3 ▶ クラス活動

投稿を終えたら、クラスメートの投稿を読む時間を取ります。Padletでは各投稿にコメントを入れることもできるので、「他のクラスメートの投稿に、必ず１つはコメントすること」という指示を与え、いくつかコメントをさせてクラス活動とすることもできます。

ポイント

コメントを入れる際には、「いくつコメントを投稿してもいいが、他の人がまだコメントをしていない投稿に積極的に投稿するように」というような指示を出しておくこともポイントです。そうすることで、限られた人の投稿にのみコメントが集中してしまうというような状況を避けることができます。

宿題として

Padletはリンクさえ共有しておけば、授業外でも投稿やコメントの書き込みができます。「投稿は授業内に行い、教師のフィードバックを受ける。その後、他の人にコメントをする活動は宿題にする」というように、活動の一部を宿題にすることもできます。

●文型別活動

活動 22 日本全国を旅しよう

日本の各地でできることを1冊の本にまとめました。それを見て、どこに行って何をしたいかを伝えます。

 初級　　個人/グループ　　〜たり〜たり、〜たいです　　並列・願望　　Book Creator

概要　日本各地にはおいしいものや名所がたくさんあります。「静岡県に行ったら、おいしいお茶を飲んだり、うなぎ料理を食べたりしたいです」日本各地でできることを、Book Creatorを使って1冊のオンラインブックにまとめました。それを見ながら、「ここに行ってみたい！」と伝える練習をしてみましょう。

準備　日本各地でできることをオンラインブックまたはスライドにまとめておきます。

> **手順**

1▶ オンラインブックまたはスライドを一緒に見る

まずは教師がオンラインブックを開き、その画面を学習者に共有します。教師自身が行きたいところを1つ選び、「私は名古屋を選びました。名古屋に行ったら、和菓子を食べたり、犬山城を見たりしたいです。私は甘いものが好きですから、和菓子にとても興味があります」と例を見せます。そして、この活動が「本を読んで、自分が行ってみたいところについて述べる活動である」ということを理解させます。

2▶ 全体で読む時間をとる

活動の趣旨が理解できたところで、今度はオンラインブックのリンクを学習者に渡します。ここで、各自の活動の時間を少し設けます。制限時間を決めておき、時間内に本の中から行きたい場所を1つ決めるように指示します。この時、「自分が行きたい場所、どんなことがしたいか、なぜそれがしたいのか」を相手に伝える準備もしておくように促します。

3▶ グループワーク

個人での活動が終わったら、グループワークに移動します。ブレイクアウトルームに分かれ、グループ内で個人活動の時間に準備したことを他のメンバーに発表します。

> **ポイント**
>
> グループワークの時間に、1人が発表した後に「少しコメントしたり、質問をしたりできると、とても良い」ということも、あらかじめ伝えておくといいでしょう。そうすることで、単なる発表で終わらずに会話が広がり、グループ活動が楽しいものになります。

> **自分たちで本を作成する**
>
> 日本の名所について話した後は、今度は自分の国の名所を文とイラストでまとめる活動へと発展させることもできます。それをBook Creatorを使って1冊の本にするのも楽しいでしょう。

> 文型別活動 **50**

| 活動 23 | ●文型別活動
年中行事の紹介
日本の年中行事が1冊の本になっています。それを見ながら文を作成する活動です。

 初級　ペア/グループ　日付の言い方、～たり～たり　並列　Book Creator

概要　お花見、子供の日、七夕、クリスマスなど、日本にはさまざまな年中行事があります。それらの年中行事をまとめた1冊の本または1つのスライドファイルを見ながら、学習者はキーワードを元にそのイベントについて説明します。日本の行事について説明するステップが終わったら、今度は自国の行事を紹介する活動へと発展させるのもいいでしょう。

準備　日本の年中行事をまとめた本またはスライドファイルを用意しておきます。

「行事の名前」「日付」「その日にすることを2つ、3つ」を載せておきます。

手順

1 ▶ 年中行事をまとめた本またはファイルを見せる

教師の画面でファイルを開き、画面共有で見せます。年中行事を1つ選び、例として紹介します。そして、学習者と会話をしながら情報を確認します。

> 「これは何のイベントですか?」「七夕です」
> 「七夕は何月何日ですか?」「7月7日です」
> 「何をしますか?」「お祭りに行ったり、願いを書いたりします」

キーワードが確認できたところで、情報をまとめて教師が発表します。「日本に七夕というイベントがあります。七夕は7月7日です。お祭りに行ったり、願いを書いたりします」

2 ▶ もう1つ例を見せる

教師が例を見せた後、今度は別の学習者に挑戦してもらいます。別の行事のページを見せ、学習者から「イベント名、日付、内容」といった情報を引き出します。情報がわかったところで、さらに別の学習者に情報をまとめた文を発表してもらいます。

3 ▶ ペアまたはグループで文作成

キーワードを元に文を作ることが理解できたら、学習者に年中行事をまとめてある教材のリンクを渡します。学習者はブレイクアウトルームに行って各行事について説明する練習をします。

ポイント

各行事について文を作った後、少しその行事について話すことを促すのもいいと思います。「楽しそうですね」「してみたいですね」「自分の国とはここが違いますね」などと、話題を広げることができます。

発展させてみる

日本の年中行事について説明することができたら、今度は自国の年中行事について説明する練習へと発展させてみましょう。自国の年中行事を1つ選んで、同様に「行事の名前」「日付」「その日にすることを2つ、3つ」をスライドにまとめ、ペアやグループ、またはクラス全体で順番に発表させることができます。

活動 24

●文型別活動

経験ビンゴ

「経験したことがある」ものに印をつけるビンゴゲームをオンラインで行います。

初級　グループ/クラス　〜たことがある　経験　Bingo Baker

概要　ビンゴは対面授業であれば紙のビンゴカードを配布すれば実施できますが、オンラインで導入する場合には専用のサイトを使うのがおすすめです。今回はBingo Bakerというオンラインビンゴを使ってビンゴゲームを行う方法を紹介します。

準備　ビンゴカードを作っておきます。

Bingo Baker (URL: https://bingobaker.com/) でビンゴカードを作り、共有リンクを取得しておきます。各スペースには「スカイダイビングをする」などとキーワードを入れておきます。

B	I	N	G	O
プロのスポーツイベントを見る	バイオリンをひく	1人で旅行をする	馬に乗る	ボランティアをする
自分で家具を作る	ヘリコプターに乗る	つりをする	わしょくを作る	山でキャンプをする
スキーをする	自分で服を作る	Free!	自分で自転車を直す	ペットをかう
サーフィンをする	水族館に行く	日本で美術館に行く	スカイダイビングをする	ケーキを焼く
富士山にのぼる	ミュージカルに出る	海でダイビングをする	マラソンで走る	有名人のコンサートに行く

経験ビンゴ

> 手 順

1 ▶ お手本を見せる

まずは、本活動が「〜たことがありますか？」と相手にさまざまな経験について尋ねるものであることを理解させます。そして、教師はビンゴカードの画面を開き、その様子を学習者に画面共有をして見せます。

2 ▶ 教師 vs 学習者で例を見せる

教師がスライド上のキーワードを使って、学習者の1人に「〜たことがありますか？」と質問します。「したことがある」と答えた場合のみ、そのキーワードをクリックして印をつけます。また他の学習者に質問をし、「〜たことがない」と答えた場合には印をつけられません。早くたくさん印をつけることができ、ビンゴになった人が勝ち！　という活動です。

3 ▶ グループまたはクラスで実施

教師はビンゴカードのリンクを学習者に送り、学習者は各自でGenerateボタンを押して自分のカードを表示させます。その後は、グループに分かれて活動したり、クラス単位でブレイクアウトルームを動き回ったりして、クラスメートに質問をしていきます。

グループ別の場合・・・グループメンバー全員に質問をするのではなく、1人の人に「〜ことがありますか」と質問する形で活動を行います。
クラス活動の場合・・・ブレイクアウトルームを学習者自身で自由に動き回り、その部屋にいるクラスメートに質問します（参照 p.234 ブレイクアウトルームの使い方）。

ポイント

学習者に自由にグループを移動させる場合は、人数制限を設けたり、「必ず自分で質問すること、他の人の会話を聞いて印をつけてはいけない」などのルールを事前に設定しておくことをおすすめします（参照 p.17 自由にグループを組ませる場合は）。

他の活動にも応用できる

今回は「〜をしたことがありますか？」という質問を聞くビンゴになりましたが、他の文型（動詞の過去形、「〜のが好きですか？」など）の練習にも応用できます。
例）先週、映画を見ましたか？　料理をしましたか？
　　音楽を聴くのが好きですか？　掃除をするのが好きですか？

活動 25	●文型別活動

どんな変化があった？

Before/Afterのイラストを描き、その変化を描写する活動です。

 初級　 ペア/グループ　 ～になります　🔧 変化　✂ AutoDraw

概要 AutoDraw（オートドロー）などのイラストが描けるツールを使い、人の変化を2つのイラストで描きます。そのイラストを他の人と共有し、変化を描写してもらう活動です。イラストが描けるオンラインツールであれば何を使っても構いませんが、本書ではAutoDrawを使って行う活動を紹介します。

準備 以下のようなイラストを2セット用意しておきます。

< After >
24さい
（先生）

< Before >
4さい
（小学生）

> 手順

1 ▶ 活動の導入

まずはBefore/Afterのイラストセットを見せます。そして2つのイラストにどんな変化があるか、学習者から引き出します。

(描写例)「大きくなりました」「背が高くなりました」「髪が明るくなりました」「足が長くなりました」「24歳になりました」「先生になりました」

2 ▶ 学習者自身でイラストを描く

AutoDrawのDrawツールを使って、変化のあるイラストを描かせます。このイラストは後でクラスメートに見せることも伝えておくといいでしょう。絵を描く作業は、時間をかけて凝ってしまう人も出てくるため、あらかじめ「3分で」などと時間を設定しておくことが大切です。

3 ▶ 描写文を作る

絵が描けたら、今度は他の人のイラストを見て、その変化を口頭で描写します。自分のイラストではなく、他の人が書いたイラストから変化を読み取り、説明する作業です。グループで活動してもいいですし、ブレイクアウトルームを学習者が自分で部屋を移動できるようにして、何度も新しいパートナーと絵を見せ合って練習できるようにするのもいいでしょう。

ポイント

「1つのイラストセットにつき1つの変化だけではなく、いくつか変化の要素を付け加えるように」と伝えておくと、複数の文を作り出しやすくなります。

例) 古い町が新しくなる様子
　　 飼い犬の様子の変化 など

その他の文型への応用

人の成長イラストに見た目以外の変化も文字情報で付け足すことで「〜ようになります」の練習としても使うことができます。

・勉強するのがきらい
・あまり野菜を食べない
・よく外で遊ぶ

・勉強するのが好き
・たくさん野菜を食べる
・あまり外で遊ばない

描写例)「勉強するのが好きになりました」
　　　　　「たくさん野菜を食べるようになりました」
　　　　　「あまり外で遊ばなくなりました」

●文型別活動

活動 26 カードを並べ替えて文作成

バラバラになったカードを並べ替え、正しい文を作ります。

初級 | 個人/ペア | 名詞修飾 | 説明・情報提供 | Wordwall

概要　「私が昨日食べたものは、うどんです」このような文をバラバラにしたカードが出てくるので、それを正しい順番に並べ替える活動です。Wordwallを使うとオンライン上でカードをバラバラにすることができます。

準備　文の順番をバラバラにしたカードを準備しておきます。

| 美術館は　行った　昨日　でした　とても　私が　きれい |

→私が 昨日 行った 美術館は とても きれい でした。

| 東京で　これは　ぼうし　です　買った　去年 |

→これは 去年 東京で 買った ぼうしです。

| 作った　ケーキは　おいしかった　姉が　とても　です |

→姉が 作った ケーキは とても おいしかったです。

| くれた　これは　です　父が　シャツ |

→これは 父が くれた シャツ です。

手順

1 ▶ ゲームのリンクを渡す

Wordwallで作った問題のリンクを学習者に送ります。学習者の画面上には1文ずつ問題が出てきます。マウスでカードが動かせるようになっているので、正しい文の順番を考えて並べ替えます。正しい順番に並べ替えることができたら、自動的に次の問題に進みます。

2 ▶ 個人からペア活動へ

1つのリンクを複数の学習者と共有しても、それぞれ違う問題として表示されます。そのため個人の活動でもペアやグループの活動でも使うことができます。まずは個人で練習をした後で、ペアやグループになって再度挑戦してみるのもいいでしょう。

3 ▶ 最後に全体で確認

このゲームではできるだけ少ない回数で効率よく並び替えができると、ボーナスポイントがもらえる設定にもなっています。それを目標にしながら、ペアやグループ活動が終わったところで、再度クラス全体で同じゲームに挑戦して確認作業とします。

> **ポイント**
>
> Wordwallではタイマーやストップウォッチの有無を設定することができます。1度目はタイマーなし、2度目はタイマーをONにして時間内に答えることを目標とするといった形で活用ができます。または、ストップウォッチ機能を活用し、個人で練習する時は時間を気にせずじっくりと、ペアやグループで再度練習する時にはONにして時間を意識する、といった使い方もできます（参照 p.233 タイマーやストップウォッチの使い方）。

対面授業で使う

オンライン教材として使えるWordwallですが、教師のパソコン画面をスクリーンに映し出すことができれば、対面授業でも使うことができます。その場合は、画面に問題を表示しておき、ある程度の時間を与えて学習者に考えさせます。その後、学習者から答えを引き出す形でカードを動かして答えを確認します。

●文型別活動

活動 27 思い出のアルバムをデジタルで

イラストがたっぷり入ったオンラインアルバムを見ながら、文を作ってみましょう。

初級 / 個人/ペア / 名詞修飾(過去) / 感慨 / Book Creator

概要 思い出の写真が入ったアルバムを見て「あ〜ハワイで見た海、きれいだったなぁ」などと思いを馳せることはありませんか。Book Creatorを使うと、そんなアルバムをオンラインで作ることができます。さらに音声も入れて、モデル文を聴けるようにすることもできます。

準備 あらかじめアルバムを公開しておきます。

ページをめくると、イラストとキーワードが出てくるようなアルバムを1冊用意し、公開しておきます。

スピーカーアイコン

音声も入れておくと、自習教材としても使うことができます。音声を聴くには、スピーカーアイコンのマークをクリックしてください。

手順

1 ▶ 導入する

まずは、これまでの思い出やアルバムについての話を学習者に投げかけ、ウォームアップをしましょう。そして今回はデジタルアルバムを見ながら話す練習をするという活動の趣旨を伝えます。

2 ▶ リンクを配布

Book Creatorで作ったオンラインアルバムのリンクを学習者に送ります。練習方法としては、キーワードを見ながら、まずは自分で文を作ってみるように伝えます。答えが知りたい場合は、スピーカーアイコンのマークを押してモデル音声を聴いたり、スクリプトを見て確認ができることも知らせます。

3 ▶ 個人やペアで練習

後は個人でページをめくりながら、「文作成をする→音声＆スクリプトで確認」という作業を繰り返して練習します。個人ではなくペアで練習することもできます。その場合は画面共有をして、同じ画面が見られるようにするといいでしょう。

> **ポイント**
>
> この活動では与えられたキーワードをもとに文を作成しますが、本の後半ではキーワードを入れずにイラストだけを入れておきます。学習者はイラストを見て、自分で考えて文を作成します。

プロジェクト活動につなげてみよう

Book Creatorは、学習者自身も本を作成することができます。イラストではなく、自分が本当に撮った写真をいくつか入れてアルバムを作成してみるのも楽しいです。教師のライブラリに各学習者の本を集めたり、複数の学習者の本をまとめて1冊にすることもできます。複数の授業時間を割り当てて、プロジェクトの1つとして実施するのもいいでしょう（参照 p.225 複数の本を1冊にまとめる方法）。

●文型別活動

何を描いているでしょう？

描画アプリを使って描いている絵を推測する活動です。

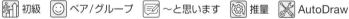 初級　ペア/グループ　～と思います　推量　AutoDraw

概要 ホワイトボードに1画ずつ絵を描いていき、その都度ペアやグループメンバーが、何の絵だと思うかを言っていく活動です。イラストを描画できるツールであれば基本的に何を使っても構いませんが、ここではAutoDrawを使った方法を紹介します。

準備 ホワイトボードを用意しておきます。

あらかじめペン機能の使い方を確認しておきます。ペン機能はAutoDrawとDrawの2つの種類がありますが、今回はDrawの方を使います（参照 p.224 基本の使い方）。

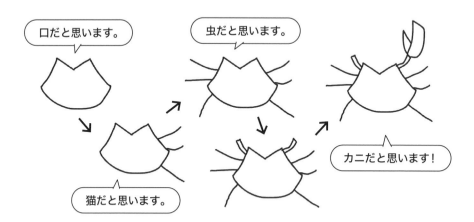

82

> 手順

1 ▶ 教師と学習者でお手本を見せる

まず、教師がAutoDrawでホワイトボードを開き、その画面を共有します。教師はホワイトボードの上に、何かのイラストを描き始めます。1、2画描いたところで手を止め、「何のイラストを描いていると思うか」と質問し、学習者に自由に答えさせます。当たりが出るまで、3画、4画と書き進めます。当たりが出たら終了です。

2 ▶ ペアやグループで実践

実施方法がわかったところで、ブレイクアウトルームに分かれます。ペアまたはグループになり、1人が出題者、他の人が答える役割を担当します。あらかじめ「1人1、2問出題する」など条件を設けておき、それに基づいて出題者をローテーションしていきます。教師はブレイクアウトルームを巡回し、様子を確認します。

3 ▶ メインルームで確認

最後に時間があれば、メインルームに戻ってきた後、学習者1人、2人を当てて、クラス全体に向かって絵を描いてもらうのもいいでしょう。

ポイント

イラストを描くことに意識が集中してくると、どうしても単語だけを言い合う状況になってしまうことがあります。これを避けるためにも、しっかりと「〜だと思います」と文単位で言うことを、導入の時点で意識づけするといいでしょう。

描画する様子を動画に撮る

ホワイトボードアプリの使用が難しい場合は、手元の紙に少しずつイラストを描いて、それをカメラに向かって見せるという方法をとることもできます。また、ホワイトボードアプリを使わずに、イラストを描く作業は紙で行い、その様子を動画に撮ってPadletに投稿するという方法もあります。投稿された動画をクラスで一緒に視聴し、教師側が適宜動画を一時停止しながら「何だと思うか」と学習者から聞き出す形で活動ができます。

| 活動 29 | ●文型別活動

何だこれ？

さまざまな物の拡大写真を見せ、それが何であるかを当てる活動です。

 初級　　ペア/グループ/クラス　　〜と思います　　推量　　Googleスライド

概要　あるものの一部を拡大した写真を見て、「これは……〜だと思います」と、何だと思うかを述べます。おしい！ と思うような回答から、全く違う回答まで、いろいろなアイデアが出ることもあります。最後に正解の写真を出すと、「やっぱり〜」「なぁんだ」というような声が聞かれる楽しい活動です。グループ活動でもできますが、今回はクラス活動として全員で行う方法を紹介します。

さまざまな物の拡大写真を用意しておきます。

１つの物につき、①拡大した写真、②少し拡大した写真、③正解スライド、の３段階で用意しておきます。

 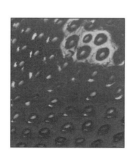 

①拡大した写真　　　　②少し拡大した写真　　　　③正解

手順

1 ▶ 拡大した写真を見せる

まずは第1段階の①「拡大した写真」を画面共有で見せます。そして、教師は学習者に「これは何だと思いますか?」と質問します。1人だけではなく、何人かに質問するといいでしょう。

2 ▶ 少し拡大した写真を見せる

次に、もう少しわかりやすい②「少し拡大した写真」のスライドを見せます。そして、手順1と同様に「何だと思いますか?」と学習者数人に聞きます。

3 ▶ 正解スライドを見せる

たくさんの意見が出たところで、最後に正解スライドを見せ、答えを確認します。そして、また次の問題に移動し、問題の数だけ手順1→2→3を繰り返します。

> **ポイント**
>
> クラス単位ではなくグループ単位で行う場合には、①拡大した写真と②少し拡大した写真だけを用意しておき、それを共有します。一定時間を設け、それぞれの問題につき「これは〜だと思います」と各グループで答えを用意するように伝えます。時間になったら、メインルームに戻って3段階のスライドを見せ、答えを確認します。

学習者主体の活動にする

今回は教師が事前に拡大した写真を準備しておきましたが、学習者に何か1つ拡大した写真を用意してもらうのもいいでしょう。その場合、拡大した写真だけを共有スライドに自分たちで貼りつけ、解答のスライドは教師だけが見られるスライドに貼りつけるように指示しておきます。

●文型別活動

活動 30

日本のルール

いろいろな日本のルールを1冊にまとめた本を読み進めていきます。

| 初中級 | ペア/グループ | 〜てもいいですか、〜てはいけません | 禁止・許可 | Book Creator |

概要 日本にはいろいろなルールがありますが、中には他の国とは異なるルールもあります。Book Creatorで作った本を読みながら、日本のルールについて楽しく学ぶことができます。グループで一緒にページをめくり、「どっちだと思う？」と話しながら進めていくといいでしょう。

準備 さまざまな日本のルールを1冊の本にまとめます。

たくさんの人が右手（みぎて）でおはしやスプーンをもちますが、左手（ひだりて）でたべてもいいです。

【問題②】

日本にはラーメンやうどんなど、たくさんのめんりょうり(noodle dishes)があります。
めんを食べる時、おとを出してもいいですか。

こたえ →

本の右側に質問を書き、ページをめくると左側に答えが見られるようなページ設定で、本を作成します。

日本では、ラーメンやうどん、そばを食べる時におとを出してもいいです。
おとをたててめんりょうりを食べることを「すする」と言います。

【問題③】

食べ物を食べる時、おはしで食べ物をさしてもいいですか。

こたえ →

手順

1 ▶ ペアまたはグループに分ける

Book Creatorで作ったオンラインブックのリンクを学習者に送ります。
学習者はペアまたはグループに分かれ、ブレイクアウトルームに入ります。

2 ▶ クイズに答えていく

ブレイクアウトルームに入ったら、グループの中の1人がオンライン
ブックを開き、その画面を他のグループメンバーと共有します。誰かが
問題を読み上げ、他のグループメンバーはそれに対する自分の考えを言
います。

> 問題：音楽を聴きながら、自転車に乗ってもいいですか。
> 学習者A：乗ってもいいとおもいます。見たことがあります。
> 学習者B：危ないから、乗ってはいけないと思います。

3 ▶ 答えを確認する

全員の回答が出たところで、画面共有をしている人がページをめくり、
次のページに書いてある答えを確認します。「もちろん！」と思うよう
な簡単な答えもあれば、意外と「自国では逆だよ」という答えもあるか
もしれません。簡単に感想を話し合い、次の問題へと進みます。本の最
後まで読み終えたら、完了です。

ポイント

Book Creatorを使わず、スライドで提示していくだけでもいいですが、本のようにパラパラとめくるところに楽しさが生まれるのがポイントです。

クイズ形式にしてもよい

Wordwallなどのクイズ系のアプリを使ってもいいでしょう。個人で行う場合は1人で
問題を読んで答えていく形になりますが、ペアやグループで1つのクイズに一緒に取り
組むと、Book Creatorを使った本活動同様に「私は〜てはいけないと思います」「〜て
もいいと思います」と、会話をしながら進めることができます。

●文型別活動

活動 31 標識をもとに判断してみよう

いろいろな標識のイラストを見て、正しい意味を選ぶ活動です。

 初中級　個人/グループ　～てはいけません、～ないでください　禁止・義務　Wordwall

概要　「ここから先、入ってはいけません」「靴を脱がなければいけません」など、標識を見て、それらの意味するところがわかりますか。次々に出てくる標識を見て、その標識の正しい意味を選択しましょう。普段ならすぐにわかる問題でも、制限時間があると意外と間違えてしまうかもしれません。

準備　あらかじめゲームを作っておきます。

Wordwallなどのクイズアプリを使って、標識のイラストを見て意味を選ぶゲームを作っておきます。

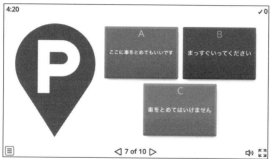

> 手順

1 ▶ ウォームアップ

ゲームの中では「〜てはいけません」「〜てもいいです」「〜てください」「〜ないでください」が、選択肢に使われています。まずはゲームを始める前に、標識のイラストが入ったスライドを使って、これらの文型を学習者と一緒に簡単に確認しておきます。

2 ▶ ゲームのリンクを送る

ウォームアップが済んだところで、Wordwallのリンクを学習者に送ります。まずは個別に時間を設け、各自でゲームに挑戦します。

3 ▶ グループで挑戦

個人でゲームに挑戦するのもいいですが、3、4人のグループ活動にすることもできます。その場合は、1人がプレイしている様子を、他のグループメンバーに画面共有で見せます。そして最後に表示されるタイムを各自が覚えておきます。より速くゲームを完了することができた人が1番となります。

> **ポイント**
>
> Wordwallの場合は、制限時間の分数を変更したり、カウントアップ（ストップウォッチ）またはカウントダウンの設定を選ぶことができます。また、ゲームが終わった後にプレーヤーがLeaderboardを押すと、自分の名前を入力することができます。これでクラス全体で誰が高得点だったのかを見るのもいいでしょう（順位は1位〜5位のみ表示させることができます）。

自習用の教材として

ここでは授業内でWordwallのゲームをプレイする方法を紹介しましたが、リンクを共有しておけば学習者はいつでもゲームをすることができます。授業内に限らず、個別の復習や自習に役立ててもらう教材としてリンクを共有しておくのもいいでしょう。

活動 32	●文型別活動

どっちが先？

2つの活動を見比べ、自分はどちらを先に行うのか、ペアで確認し合います。

初中級　｜　ペア／グループ（3人まで）　｜　〜てから　｜　前後関係　｜　Googleスライド

概要

やるべきことから片付けたい人もいれば、楽しいことを先にしてから……という人もいます。宿題をしてからゲームをするか、ゲームをしてから宿題をするか……あなたはどっち？ 2つの動詞の絵カードを並べておきます。学習者は相手に質問をしながらカードを動かしていきます。

準備　2つの動詞の絵カードが並べてある表を用意しておきます。

質問は3、4問ぐらいあるといいでしょう。Googleスライドを使うと、背景の表は固定されたままですが、カードは動かせる状態にすることができます（参照 p.229 画像を背景として挿入）。

手順

1 ▶ ペアを作る

Googleスライドのリンクを学習者全員に渡します。そして、学習者を2人のペアまたは3人のグループに分け、ブレイクアウトルームに移動させます。学習者間で質問をする順番を決めます。

3人グループの場合は、以下のような順番がいいでしょう。

学習者Aが質問　→　学習者Bが答える
学習者Bが質問　→　学習者Cが答える
学習者Cが質問　→　学習者Aが答える

2 ▶ 質問をしてカードを動かす

まず学習者Aが質問をして、学習者Bが答えます。

キーワード：宿題をする vs ゲームをする
学習者A：「Bさんは、たいてい宿題をしてからゲームをしますか？
　　　　　ゲームをしてから宿題をしますか？」
学習者B：「そうですね、ゲームをしてから宿題をします」
→学習者Aは「ゲームをする」絵カードを先に、「宿題をする」絵カードを後に配置します
---

3 ▶ 順番を交代しながら続ける

学習者Aがカードを動かし終わったら、今度は学習者Bが画面を共有し、学習者Cの答えに合わせてカードを動かしていきます。絵カードは3人分複製しておくと、次の人も一度使った絵カードを同様に動かすことができます。

ポイント

中には絵カードの質問が合わない学習者もいます。「コーヒーを飲みません」という場合は、「お茶はどうですか？」などと相手に合う質問を探し、適宜問題を変えて聞きます。

会話を楽しむ活動へ

早く終わってしまったグループは、その他の問題を自分たちで考えて出題します。また、「私もコーヒーを飲まないんです。だから、水を飲んでから朝ごはんを食べます」などと、活動をしながら、ちょっとした会話を楽しむ時間に発展させることもできます。

● 文型別活動

活動 33 行く時と行った時

日本に行く時と行った時、どんなことをしますか。思いついたことを書いていきましょう。

初中級 | ペア/グループ | ～る時、～た時 | 前後関係 | Googleスライド

概要 日本に行く時、どんなものを持っていきますか。日本に行った時には、何がしたいですか。自分がしたいと思う活動を、スライドに書き込んでいきます。同時に他の人の投稿を読み、「確かに、こんなこともできるなぁ」と、グループで話し合ってみましょう。

準備「～る時／～た時」で分けられた表を用意しておきます。

Googleスライドでは、表の画像を作って背景として挿入しておくと、固定することができます（参照 p.229 画像を背景として挿入）。

～る時	～た時

手順

1▶ キーワードを1つを決め、例を見せる

表のヘッダー部分には「〜る時」「〜た時」としか書いていないので、「どんなキーワードに沿った文を投稿していけばいいか」を学習者に伝えます。

キーワード例） ……「日本に行く」「友達をうちに呼ぶ」「よく使う言葉」

「日本に行く時、どんなことをするか」「日本に行った時、どんなことがしたいか」を学習者から引き出しながら、教師主導で図形機能を使って文章を投稿する様子を見せます。

活動の趣旨がわかったところで、Googleスライドのリンクを学習者に送ります。この時、各自でリンクを開いて投稿する必要があるため、全員がリンクを開けることを確認しておきます。

2▶ トピックを決め、図形機能を使って投稿する

学習者はトピックに沿った文を考えて、図形機能を使って投稿していきます（参照 p.228 図形の挿入方法）。教師はこの時、おおよその制限時間を伝えておくといいでしょう。

トピック：日本に行く

〜る時	〜た時
日本に行く時、新しいスーツケースを買いました。 日本に行く時、私の両親は私と一緒に空港まで来ました。	日本に行った時、友達に会う予定です。 日本に行った時、町がとてもきれいでおどろきました。

文型別活動 **50**

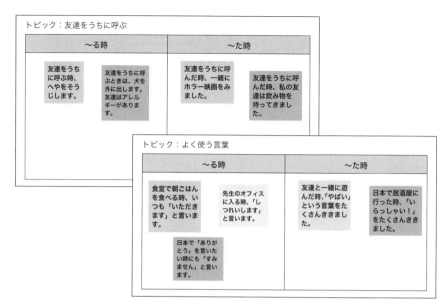

3 ▶ エピソードを共有

投稿が終わったら、クラス全員でいくつかの投稿を見ながら、「この文いいね」「へ〜知らなかった！そうなんだ」とコメントを言い合います。もし「こんなことがあったんだよ！」とエピソードを共有してくれるような学習者がいれば、投稿にまつわる話を少ししてもらうのもいいでしょう。

> **ポイント**
> 自由に文を作って投稿できる楽しい活動ですが、言いたいことが言えなかったり、文法・表記ミスが生じたりすることなどがあります。教師は投稿された文章をチェックしながら、随時フィードバックを与えていくといいでしょう。
> また、クラスの人数が多い場合は投稿が見にくくなることが懸念されます。そんな時は、スライドを複製してグループごとに1つのスライドを担当させるなどして対処してください。

グループ活動へと応用する

投稿が終わったらクラス全員でコメントを言い合う過程が手順3にありますが、クラスの人数が多い場合はなかなか全ての投稿を読むことは難しくなります。その場合、書き込む作業が終わったところでグループに分かれて自分が書いた投稿を紹介し、それについてのエピソードトークをするというグループワークへ発展させるのも一案です。

●文型別活動

活動 34 道案内をしてみよう

道順説明を聞いて、地図上に目的地までの行き方を示します。

初中級　個人/ペア　〜と(条件)、道案内の表現　説明　Googleスライド

概要　ある目的地までの行き方を聞き、地図上にペンで行き方を描く活動です。教師が道順の説明を行い、学習者が行き方を描くリスニング練習にしてもいいですし、ペアとお互いに説明をし合うペア活動にすることもできます。本ページでは、ペア活動のやり方を紹介します。

準備　**下のような地図のイラストを用意しておきます。**

Googleスライドでは、使用するイラストを背景として挿入し、動かないようにしておきます（参照 p.229 画像を背景として挿入）。

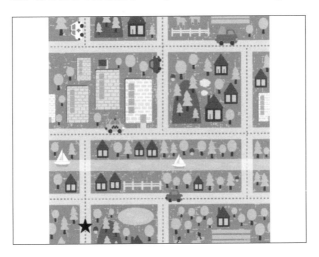

元となるスライドを1枚作っておけば、「スライドのコピーを作成」からスライドを複製することができます。同じイラストを貼ったものを学習者分用意しておいてください（参照 p.230 スライドの複製方法）。

1 ▶ 1人ずつにスライドを割り当てる

まずはGoogleスライドのリンクを学習者に送り、学習者全員がスライドにアクセスできるようにします。すでに学習者の人数分スライドが準備してあるので、各自スライドを1枚ずつ選び、スライドに名前を書かせます。名前を書かせる場合はテキストボックスや図形機能を使うといいでしょう（参照 p.228 テキストボックスの挿入方法）。

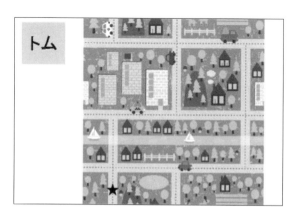

2 ▶ 教師と学習者でまずやってみる

ペア活動の前に、例として教師と学習者で実施してみましょう。まず、「あなたは現在、星印のところにいます。来週イベントがあるので、その会場の場所を確認しておきましょう」という設定を伝えます。そして教師が1つの建物の番号を選びますが、選んだ番号は伝えません。教師はその番号までの道順を口頭で説明します。

「この道をまっすぐ行って、川を渡ります。突き当たりを右に曲がってまっすぐいくと、左側に公園があります。その公園のすぐ先の大きい家でイベントがあります」

説明を聞いた学習者は、その通りに行き方を描いていきます。Googleスライドで簡単な線を書く場合は、フリーハンド機能を使うと便利です (参照 p.228 フリーハンド機能で描画を追加する)。

正しく描けていればOKです。もう一度説明しながら、教師が行き方を描く様子を画面共有して見せてもいいでしょう。

3 ▶ ペアで実施

活動の実施方法がわかったら、後はブレイクアウトルームに入り、ペアの1人が道順を説明し、もう1人が行き方を描く作業を行います。「1人3カ所ずつ挑戦すること」など、問題数も伝えておくことをおすすめします。ペアを交代して、説明する作業と行き方を描く作業をどちらも体験するように指示しておきましょう。

> **ポイント**
>
> 一度描いた行き方は、1つの図形として挿入されるので、クリックすれば簡単に消すことができます。またはフリーハンド機能を使って描いた線は色を変えることもできるので、1問目は赤、2問目は青、3問目は黒、などと異なる色で行き方を示すとわかりやすくなることを学習者に伝えてあげるといいでしょう。

自習用の教材として

Googleスライドの他にも、geniallyを使うとスライドに音声を入れられるので、自習用教材を作ることができます。学習者は自分で音声を聴き、正しい行き先を選ぶ選択問題を作ることができます。

●文型別活動

活動 35 自分の国の迷信を紹介しよう

自分の国の迷信について紹介する活動です。

 初中級 　😊 個人/ペア 　📝 ～でしょう、～と言われている、～そうです 　🔊 伝聞 　✂ Book Creator

概要　日本では、新年に富士山の夢をみると、その年はいいことがあると言われています。国によってさまざまな迷信がありますが、日本にはどんな迷信があるでしょうか。Book Creatorで日本の迷信を1つの短いオンラインブックにしてみましょう。学習者と一緒に読みながら、日本の迷信についての知識を深めます。時間に余裕があれば、学習者が自分でオンラインブックを作成することもできます。イラストと文で学習者が自分の国の迷信を紹介する本を作るのも楽しい活動です。

準備　イラストと文を使って日本の迷信を説明します。

手順

1 ▶ オンラインブックのリンクを共有する

「迷信を知っていますか。本当かどうかわからないけれど、古くから言われていることですね」と迷信についての説明をします。または辞書アプリを使って「迷信」という言葉を学習者の言語に翻訳し、これから日本の迷信についての活動を行うことを理解させます。

2 ▶ 個人またはペアで読む

オンラインブックを開き、各自でまたはペアで読み進めます。本の内容を読んで理解することが目的ですが、その後にそれについてグループやペアで話す会話活動に発展させることもできます。「似たような迷信がある」「自分の国では反対の意味になる」「この迷信は、このような理由から来ている」など、話を膨らませる教材としてもおすすめです。

3 ▶ 自分で本を作成する

日本の迷信についての理解を深めることができたら、今度は自分の国の迷信を絵と文章でまとめます。1人1つの迷信を2ページ分準備します。Book Creatorでは、全員が書いた本を1冊の本にまとめることができます。活動の最後には、学習者が書いたものを1冊の本にまとめ、全員で読み合わせてみましょう（参照 p.225 複数の本を1冊にまとめる方法）。

> **ポイント**
> クラスの学習者の国籍が多様な場合は、国ごとの迷信の本を作るというのも1つのアイデアです。また、日本や自分の国だけでなく、他の国の迷信についても調べてまとめると、調べ学習へとつなげることもできます。

宿題として

自分で本を作成するのは、家での課題にすることもできます。1人2ページ、1人1冊など制限を設けて本を作ってきてもらいます。Book Creatorでは、全員の本を集めて「図書室」として共有することもできます。

● 文型別活動

活動 36

お土産をあげよう

日本からのお土産、誰に何をあげますか？ カードを動かすインフォメーションギャップの活動です。

初中級　ペア　〜に〜をあげます　受益　Googleスライド

概要 あなたは日本からたくさんのお土産を手に帰ってきました。誰に何をあげますか？ ペアが持っている情報を聞いて、Googleスライドで絵カードを動かすインフォメーションギャップの活動です（参照 p.18 インフォメーションギャップ）。

準備 まずはGoogleスライドの教材を作成します。

Googleスライド

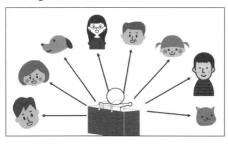

人にお土産をあげる方向を示す矢印を入れた画像を用意し、Googleスライドに背景固定します（参照 p.229 画像を背景として挿入）。お土産イラストは画像挿入ボタンからアップロードし、動かせるようにします。

また、誰に何をあげるのか、お土産リストも用意しておきましょう。

ペアで交代して実施できるよう、それぞれ2種類ずつ少し内容を変えた物を用意しておくといいでしょう。

お土産リスト（サンプル）

あかい かさ　あまい おかし　きれいな レターセット

ゆうめいな おさけ　きれいな せんす　やわらかい ブランケット　おいしい おかし

体にいい くつした　かわいい レターセット　べんりな かさ　ねずみの おもちゃ

お土産リスト（学習者用）

手順

1 ▶ お手本を見せる

まず「日本から帰ってきたので、家族や友達にお土産をあげる」という設定を導入します。次に教師はGoogleスライドを開き、学習者と画面共有します。学習者にはお土産リスト（サンプル）を見るように促します。教師は2つ、3つ質問し、その通りにGoogleスライド上のお土産イラストを動かして見せます。

> 例）教師：Aさん、誰に何をあげましょうか。
> 　　学習者A：お父さんに赤い傘をあげます。
> 　　教師：Bさん、お母さんには？
> 　　学習者B：甘いお菓子をあげます。
> 　　教師：先生には？
> 　　学習者C：きれいなレターセットを差し上げます。

2 ▶ インフォメーションギャップの活動に入る

活動の流れがわかったところで、ペアでインフォメーションギャップの活動を始めます。ブレイクアウトルームとGoogleスライドは同じ番号にしておくとスムーズです（参照 p.17 部屋番号とスライド番号を一致させる）。ペアで各ルームに入ったら、1人がお土産リスト（学習者用）を見て指示を出し、もう1人はそれを聞いてGoogleスライド上のカードを動かします。

3 ▶ 答えを確認する

一通り絵カードを動かし終わったところで、お土産リストとGoogleスライドを照らし合わせて、合っているかどうかを確認します。

ポイント

活動が早く終わったペアは、「実際には誰にどんなお土産をあげたいか」「それはなぜか」などを自由に話し合う時間に充てるといいでしょう。

「もらう」パターンも

矢印の方向を変えて「〜に〜をもらう」練習にすることもできます。「結婚式のお祝いとして、それぞれの人からこんなものをいただきました」という設定はどうでしょうか。その後、「お祝いをくれた人にお礼の手紙を書こう」という活動につなげることもできます（参照 p.102 活動37）。

●文型別活動

活動 37 感謝のメッセージカードを書こう

Googleスライドを使って、メッセージカードを書く活動です。

初中級　個人　～てくれる、～ていただく　受益　Googleスライド

概要　学習者に1人1枚のGoogleスライドを割り当て、各自が誰かにあてたメッセージカードを書く活動です。「～てくれてありがとう」という表現とともに、誰かに伝えたいことを書きましょう。Googleスライドには背景にきれいな画像を固定で入れておくと、メッセージカードらしい雰囲気が出ます。

準備　きれいな背景を入れたGoogleスライドを用意しておきます。

すずき部長、
先日は、BBQにしょうたいしてくださって、ありがとうございます。
食べ物もおいしかったし、たくさんの人と話せたし、
とても楽しかったです。
来週から、またしごとをがんばります。
　　　　　　　　　　　　　　マイケル

スライドは背景を入れて固定したものを何種類か用意するといいでしょう。

スライドの1枚目にはサンプルとして教師がメッセージを作って入れておきます。

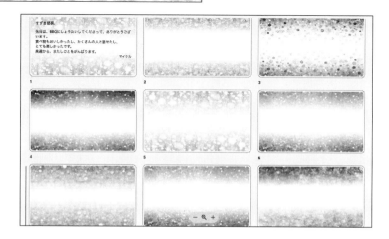

手順

1 ▶ サンプルを見せる

メッセージカードを作る活動であることを理解させ、最初に教師が作ったサンプルメッセージを紹介します。スライドの上部に宛名、本文にはメッセージ、最後には自分の名前を入れる点を説明します。同時に、いくつかメッセージカードの柄があるので、好きな柄のスライドを複製する方法も紹介しておきます（参照 p.230 スライドの複製方法）。

2 ▶ メッセージを書く

Googleスライドのリンクを学習者と共有し、各自スライドを複製したら、各々メッセージを書き始めます。メッセージを書く相手は教師側から指定せず、「自分が普段お世話になっている相手や、お礼を言いたい相手なら誰でもよい」としておくことをおすすめします。学習者が作業をしている間、教師はGoogleスライドを見回り、必要であれば文法や表記ミスのフィードバックをします。

3 ▶ 書いたものは

書いた作品は、各自でスクリーンショットをとって保存するように促します。後で画像として手紙の相手に送信することができます。

ポイント

学習者の数が多いと、誰がどのスライドに書いているのかがわからなくなることがあります。まずは最初に「〜より」と自分の名前をスライド下部に入れるように指示しておくと、混乱を防ぐことができます。

宿題として

Googleスライドのリンクを共有しておき、個人作業であるメッセージを書く部分は宿題にして、家で各自で完成させてくるよう指示することも可能です。その場合、書いたスライドは、教師が文字色を変えたりコメント機能を使ったりする形でフィードバックします。そして学習者は、それを参考に再度スライドを修正して完成させます。

●文型別活動

活動
38

どうすればいいですか？

カードをめくり、そこに書いてある問題に対するアドバイスをするという活動です。

初中級　　グループ　　〜ばいいです、〜たらどうですか　　勧め　　Wordwall

概要　　オンライン上でめくれるカードゲームをWordwallで作ることができます。それぞれのカードには、「こんな時どうする？」というシチュエーションが書いてあります。グループになって、カードを1枚ずつめくり、グループメンバーが順番にそれぞれのシチュエーションに対するアドバイスを言っていくという活動です。ゲーム性はありませんが、他の人のいろいろな意見を聞いて楽しむ活動です。

準備　**Wordwallを使って、さまざまな問題を書いたカードを用意しておきます。**

問題例

| 友達が結婚します。何をあげたらいいですか。 | 何か楽しいことがしたいです。何をしたらいいですか。 | ボランティアをしたいです。どこでしたらいいですか。 |

| 京都に行きたいです。いつ行ったらいいですか。 | お金をひろいました。どうしたらいいですか。 | 新しいパソコンがほしいけどお金がないです。どうしたらいいですか。 |

104

> 手順

1 ▶ ルールの説明

まずは教師がWordwallを開いて、カードをクリックするとカードがめくれることを理解させます。そして、学習者にはグループの中で1人がカードをめくる担当になり、その画面を共有するように伝えます。めくる人は1人が担当しますが、問題を読み上げる人はグループ内で交代することも説明しておきます。そしてWordwallのリンクを学習者に送ります。

2 ▶ グループ活動

何か楽しいことがしたいです。何をしたらいいですか？

遊園地でジェットコースターに乗ったらどうですか。

友達とハイキングに行ったらどうですか。

海でバーベキューをしたらどうですか。

3 ▶ 一番いいアドバイスを選んでもよい

問題を読み上げた人は、グループメンバーからの提案の中で、一番いいと思うものを1つ選び、「じゃ、友達とハイキングに行こうと思います」などと答えます。これで1ターンが終わり、今度は別の学習者がシチュエーションカードを読み上げ、残りの学習者が提案をする役となります。

> **ポイント**
>
> カードの選択肢の中に、1枚自分でシチュエーションを作り出さなければならないカードを入れておいてもいいでしょう。その場合、カードには「Make your own」と書いておいたり、「?」やジョーカーのイラストなどを入れておきます。

> **レベル調整をするために**
>
> カードに入れるキーワードを工夫することで、この活動の難易度を上げることもできます。カードに「何か楽しいことがしたいです。何をしたらいいですか」と書くのではなく、「何か楽しいことがしたいです。何/する」とだけ書いておきます。こうすることで、学習者には自分で「何をしたらいいですか」という質問を作らなければいけないので、少し難易度が上がります。学習者のレベルに合わせて調整してください。

●文型別活動

うそはどれ？

3つの文章の中に1つ「うその文」を紛れ込ませ、どれが「うその文」かを見破る活動です。

 初中級　　グループ/クラス　　可能形、〜が得意です　　 可能　　 Googleスライド

概要　オンラインで共有できるスライドを白紙の状態で用意します。学習者がそこに文章を3つ書きますが、2つは本当のこと、1つはうそを書きます。書いたものをほかのクラスメートに見せ、どの文がうそだと思うかを当ててもらうという活動です。昔からよくある活動ですが、ここではそれをオンラインで実施する方法を紹介します。

準備　白紙のGoogleスライドを用意しておきます。

スライドの1枚目にはサンプルとして教師の質問例を1つ入れておきます。Googleスライドのリンクは学習者と共有できる状態にしておきましょう。

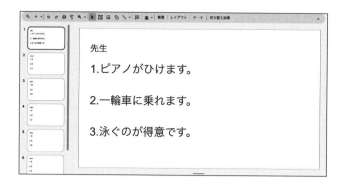

手順

1 ▶ お手本を見せる

まずは教師の作ったサンプル問題を読み上げ、どの文がうそだと思うかを学習者数名に聞きます。

> 例）1. ピアノがひけます。
> 　　2. 一輪車に乗れます。
> 　　3. 泳ぐのが得意です。

学習者は「1番がうそだと思います」と番号で言う方法と、「ピアノがひけないと思います」と文章で言う方法があります。数名に聞いたところで、「3番です。実は、全然泳げないんです」と教師は答えを言います。

2 ▶ 3つの文を作成する

そして、今度は「自分で3つの文を作ってみましょう」と投げかけます。学習者は1人1枚のスライドを使って、文章作成を始めます。スライドはクラス全員が同じ1つのリンクを使用し、そこに自分のスライドを追加して書き込んでいく方法がおすすめです。

3 ▶ 問題を出し合う

文章が出来上がったところでグループまたはクラス全体で1つのうそを当てていきます。手順2の要領で、文章を書いた人が文を読み上げ、グループメンバーがうそを当てるという順序で行います。

ポイント

文を作成するのに要する時間によって、アクティビティ実施にかかる時間が変わってきます。タイピングに慣れていて文作成が比較的得意であれば5～7分ぐらいで文を作成し、残りの時間をグループ活動に充てることが可能です。
もし、グループ活動を終えたところで時間に余裕がある場合は、各グループで「一番難しかった問題」を1つ選び、それを今度はクラス全体で答えるという活動に展開することもできます。

4つから選ぶパターンも

中には「うそをつきたくない」という学習者が出てくることもあるかもしれません、そんな時は、「①がうそ、②がうそ、③がうそ」というのに加え「④うその文章はない」という選択肢も答えに入れておくのも一案です。

● 文型別活動

活動 40 新型ロボット、発明！

新しいロボットを発明し、イラストと文章で表します。

初中級 ｜ 個人→グループ ｜ 可能形、〜ことができる ｜ 可能 ｜ AutoDraw, Googleスライド

概要 「こんなことができたらいいな」を可能にしてくれるロボットを自分でデザインし、それをイラストと文章で説明する活動です。オンライン授業の場合、AutoDrawを使うと簡単にカラフルなイラストを描くことができます。AutoDrawはタブレットにも対応しているので、タブレットとペンで描いてもいいでしょう。

準備 スライドを2枚準備しておきます。

1枚目は、お手本となるロボットのイラストと文章が書かれたGoogleスライドを用意しておきます。2枚目には、学習者がコピーできるテンプレートを入れておきます。

<1枚目>

<2枚目>

108

手順

1 ▶ お手本を読む

まずは本活動が「ロボットをデザインする」ことであることを伝え、教師が事前に用意しておいたお手本のイラストと文章を見せます。文章はその場で学習者に読んでもらったり、教師が読んでみせます。

2 ▶ 活動開始

次に、AutoDrawのウェブサイト（https://www.autodraw.com/）を学習者と共有し、ペン機能や色の変更方法などを簡単に確認します。そして、この機能を使ってイラストを描き、説明文と一緒にGoogleスライドにまとめるよう指示します。この時、Googleスライドのリンクも共有しておきましょう（参照 p.230 スライドの複製方法）。2枚目のテンプレートを各自で複製し、そこにイラストを描いていきます。イラストを描くのに時間をかけすぎてしまう人もいるので、ある程度、活動の制限時間を決めておいた方がいいでしょう。

3 ▶ グループやクラスで発表

時間になったら、グループで自分のデザインしたロボットを紹介したり、クラス全体で順番に発表したりする形式にすることもできます。この時、それぞれの発表に対して、2、3人から質問をしてもらうのもいいでしょう。

ポイント

イラストは、AutoDrawを使わず手元にある紙に手描きで描かせることもできます。その場合は描いたイラストの写真を撮り、パソコンにアップロードする形でGoogleスライドに貼りつけます。

Book Creator で1冊の本に

Googleスライドにまとめてもいいのですが、Book Creatorでイラストと文章を入れることで、1冊のオンラインブックにもなります。「ロボット図鑑」のように1冊にまとめたい場合、Book Creatorもおすすめです。

●文型別活動

アパート探し

Book Creator でアパートの見取り図をいくつか見て、住みたいアパートを選択する活動です。

 初中級　😊 ペア/グループ　📝 ～にする、～し～し　⚙ 選択・並列　🔧 Book Creator

概要　見取り図が入ったパンフレットを見て、住みたいアパートを決めましょう。Book Creator でいくつかのアパートの見取り図が入ったオンラインブックを作成します。それを見ながら、ペアやグループで「どのアパートにしたいか」「それはどうしてか」を話し合います。

 Book Creatorでアパートの紹介が入ったパンフレットを作っておきます。

見取り図のイラストだけではなく、各アパートの立地や特徴なども入れておくといいでしょう。

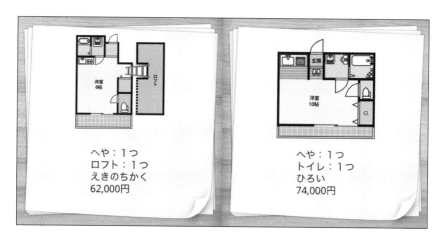

へや：1つ
ロフト：1つ
えきのちかく
62,000円

へや：1つ
トイレ：1つ
ひろい
74,000円

手順

1 ▶ Book Creator のリンクを送る

Book Creatorで作ったオンラインブックのリンクを学習者に送ります。学習者は各自でページを眺め、「どのアパートがいいと思うか」「なぜそう思うか」を他の人に伝える準備をします。

2 ▶ ペアやグループで話す

準備ができたら、ペアまたはグループになります。そして、「部屋が広いし、家賃もあまり高くないし、このアパートにします」などと、なぜ自分がそのアパートを選んだのかを相手に説明します。

3 ▶ 家具ついても話す

間取りについてお互いに意見交換をし終えたら、今度はその家に置きたい家具についても自分の好みを伝えます。「黒いレザーのソファ、茶色い大きいソファ、白い小さいソファ、赤いりっぱなソファ」などのリストを用意しておき、自分はどれがいいかを伝えます。

ポイント

自分が住みたいアパートを相手に伝えるだけでもいいのですが、さらに「このアパートはロフトですが、それでもいいですか?」などと会話を広げてみましょう。

他の人のためにおすすめの部屋を探す

自分が住みたいアパートを伝える以外にも、他の人にぴったりなアパートを探す活動へと応用させることもできます。「ペットがいる田中さん」「アルバイトがとても忙しい山田さん」など、いくつかプロフィールが入ったワークシートを用意し、それぞれのキャラクターに合ったアパートの部屋をグループで相談して決めます。

●文型別活動

活動 42

文作成タブーゲーム

イラストを見てできるだけ多くの文を作成してみましょう。

| 初中級 | 個人/グループ | 〜ている、自動詞＋ている、他動詞＋てある | 継続結果 | Googleスライド |

概要 イラストを見て、できるだけたくさんの文を作ってみよう！ まずは各人が制限時間内にイラストから思いつく限りの文をGoogleスライドにタイプしていきます。あらかじめ教師もイラストからいくつか文を作っておきます。その後、出来上がった文を各自で確認します。「先生と同じ文」はタブーとなり0ポイント、「先生が書かなかった文」は2ポイントとして各自合計点を計算し、一番点数が高かった人が勝ちとなります。

準備 描写しやすいイラストが入ったGoogleスライドを用意しておきます。

イラスト例①
〜ています

イラスト例②
自動詞＋ている/他動詞＋てある

手順

1 ▶ スライドの共有

イラストが入ったGoogleスライドのリンクを、学習者全員に送ります（参照 p.230 スライドの複製方法）。そして、白紙のスライドを1人1枚複製し、スライド上部に自分の名前を書くように指示します。この時、イラストを見て、なるべくたくさんの文を作成すること、最後に教師が出す5つの文（タブー）と同じにならなければ点数が高くなるというルール説明もしておきます。

2 ▶ 個人作業開始

制限時間内にイラストを見て、思いつく限りの文を自分のスライドに書くように伝えます。その日の目標文型があれば、それを入れた文を作るように指示しましょう。学習者がスライドに書き込んでいる間、教師はスライドを見回り、文法や表記ミスなどをフィードバックします。

ポイント❶

学習者が多い場合は手順2を個人作業ではなくグループ作業にし、1枚のスライドにグループで協力して文章を書くように指示します。その際、グループ内の1人がスライドに書き、他のメンバーが作成する文を口頭で伝えるという分担性にするなどの工夫もしてください。そうすることで、教師側はグループの数だけのスライドを見回ればよくなり、目が行き届きやすくなります。手順3ではグループ単位で自分たちの文を確認し、より点数が高いグループが勝ちとなります。

3 ▶ 合計点を計算

制限時間になったら書く作業をやめさせます。メインルームに戻り、教師が書いた5つの文を見せます。学習者は自分が作った文を確認し、教師が作った文と同じものは0点、それ以外のものは2点とします。クラスの中で一番点数が高かった人が勝ちとなります。

ポイント❷

教師の書いた文を提示する際には、5つまとめて見せるのではなく、1つずつ文を見せていく方がドキドキ感が増します。クラスの雰囲気に合わせて調整してみてください。

各作業は宿題にすることも

スライドに文を書く作業は、家での宿題にすることも可能です。その場合、「イラストを見て10文作成してくること」と課題を与えておきます。そして、教師の書いた文を提示して点数を出すという作業はクラス内で行います。

活動 43

●文型別活動

バスガイドの説明を聞こう

予定の説明を聴いて、描写された通りに絵カードを動かす活動です。

初中級　個人/ペア　〜するつもりだ、〜する予定だ　意志・意向　genially

概要　geniallyで音声ボタンを押すと、旅程が音声で流れます。聴いた通りに絵カードを動かして、旅程表を完成させます。

準備　**旅程表を準備しておきます。**

geniallyの教材を準備します。旅程表は背景を固定して入れておき、その上に建物や乗り物のイラストを入れます。建物や乗り物などのイラストにはDraggableという機能をつけておくと、自由に動かすことができるようになります（参照 p.227 Draggable機能）。

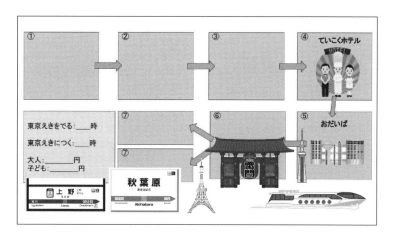

114

手順

1 ▶ geniallyを開き、使い方を確認

教師は学習者にgeniallyのリンクを送ります。全員に同じリンクを送っても、それぞれ個別の教材としてアクセスできます（参照 p.226 リンクの共有方法）。音声ボタンを押すと、旅程の説明が流れることを確認します。

2 ▶ 音声を聴いてカードを動かす

ここからは個別活動に移ります。学習者は各自でリンクを開き、音声ボタンを押して旅程の説明を聴きます。そして、説明の通りに絵カードを動かしていきます。

音源例

まず、朝8時に東京駅を出ます。東京駅からスカイツリーに行きます。スカイツリーからの眺めは最高です。その後、浅草に行きます。浅草寺でお団子を食べたいと思います。浅草からフェリーでお台場へ行きます。お台場では、ダイバーシティ東京で遊んだり、ガンダム像の前で写真を撮ったりします。そして東京駅へ戻ります。東京駅に着くのは、夕方5時ごろの予定です。大人だと4000円ぐらいかかりますが、子供はその半額なので2000円ぐらいになります。

---

3 ▶ 答え合わせ

全員が終わったところで、教師主導で答え合わせを行います。教師もgeniallyのスライドを開き、その様子を画面共有します。音声を流し、必要に応じて一時停止をしながら、絵カードを動かして答えを確認することができます。学習者は自分のスライドと照らし合わせて答えを確認します。

ポイント

geniallyは絵カードを動かした後、ブラウザを閉じたり別のスライドに行ったりすると、カードが元の位置に戻ってしまいます。カードを動かし終わった後は、そのページをそのまま表示させておきましょう。

インフォメーションギャップにする

ここでは個人で聴く活動を紹介しましたが、学習者に話させたい場合は、Googleスライドを使ったインフォメーションギャップの活動にします（参照 p.18 インフォメーションギャップ）。旅程表をイラストまたは文章で作成し、絵カードを動かす問題はGoogleスライドで作成しておきます。1人が旅程表を読み上げ、もう1人がその説明を聴いてスライド上のカードを動かします。

| 活動 44 | ●文型別活動

チェーンゲーム

前の人が作った文の後件を使い、次々に文をつなげていく活動です。

 初中級　グループ　～なら　条件　Zoom

概要

「日本に行くなら、猫カフェに行った方がいいですよ」「猫カフェに行くなら、写真をたくさん撮ってくださいね」「写真を撮るなら、いいカメラを持っていった方がいいですよ」のように、グループで次々に文をつなげていきます。いくつまで文をつなげることができるでしょうか。

準備　クラス全体をグループに分けます。

1つのグループは4、5人ぐらいが適当です。一番最初の文は教師から提示するとスムーズに進みますので、何か1つ文を考えておきましょう。

手順

1 ▶ 最初の文を伝える

クラス全体をグループに分けたら、教師はルールを説明し、グループ活動を行うおおよその制限時間を伝えておきます。また、チェーンの最初となる文を全員に伝えます。

> どこかに旅行をするなら、日本に行きたいです。

教師

2 ▶ グループ活動に入る

その後、各グループはブレイクアウトルームに入ります。グループメンバーの中で発言する順番を決めます。1番目の人（学習者A）は、教師が作った文の後件を前件にして、文を作成します。2番目の人（学習者B）も同様の形で文を続けます。

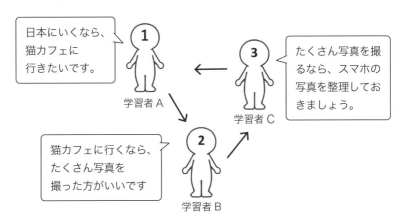

3 ▶ 最終的にどんな文になったかを共有する

時間になるまでグループで文の作成を続けていき、制限時間になったところでメインルームに戻ってきます。だいたいいくつぐらい文を作ることができたのか、最終的にどんな文になったのかをグループごとに発表し、共有します。

ポイント

中には文法的に正しくない文を作ってしまう人もいるかもしれません。自然にグループの中の誰かが訂正したり、一緒に文を考えたりする形でサポートし合う状況が見られる場合もありますが、教師もそれぞれのブレイクアウトルームを巡回して、間違いがあれば適宜フィードバックをします。

書く活動として

今回は口頭で文章を作っていく活動を紹介しましたが、対面授業の場合は紙を使って「書く活動」にすることもできます。その場合は、グループに1枚ずつの紙を用意し、グループメンバー全員で1つの文を考えます。そして、1分以内にその紙を次のグループへと回します。次のグループはそれを見て次の文を作成するというリレー式ライティングに応用ができます。

活動 45	●文型別活動

偉大なる製作者

自分が好きな映画や本、ゲームなどについて製作者情報を発表します。

初中級 | 個人/グループ/クラス | ～によって+受身 | － | Googleスライド

概要 自分が大好きな本やゲームのことを他の人に伝えてみませんか。今回は、それらの製作者に焦点を当て、スライド形式で簡単に発表します。スライドは個々で作りますが、それを発表する時にはグループワークやクラスワークへと発展させることができます。

準備 教師が作ったサンプルスライドを用意しておきます。

吾輩（わがはい）は猫（ねこ）である

これは、『わがはいは、ねこである』という本です。
1905年に、夏目漱石（なつめそうせき）によって書かれました。
夏目漱石は、日本の有名な小説家です。
この本は猫が主人公（メインキャラクター）なので、めずらしいと思いました。

これは、『わがはいは、ねこである』という本です。
1905年に、夏目漱石（なつめそうせき）によって書かれました。
夏目漱石は、日本の有名な小説家です。
この本は猫が主人公（メインキャラクター）なので、めずらしいと思いました。

> 手順

1 ▶ 活動の趣旨を理解させ、サンプルを見せる

まずは、本活動が自分の好きな本やゲーム、映画について短い発表をするものであるという趣旨を学習者に伝えます。そして、教師があらかじめ用意したサンプルスライドを画面共有して見せます。教師はサンプルスライドの情報を使って、発表のデモンストレーションをして見せます。

2 ▶ フォーマットについて解説し、リンクを共有する

次に、本や映画、ゲームなどのトピックを1つ選び、それについて発表するスライドを各自1枚作るように学習者に伝えます。2枚目のスライドを提示し、おおよそのフォーマットも説明するといいでしょう。

3 ▶ スライド作成に取り組み、終わったら発表する

各自でスライドを作成します。教師は適宜見回り、必要があればフィードバックします。スライドが完成したところで作業をやめ、グループまたはクラスで発表する時間にします。グループの場合は、発表された作品について話し合う時間を入れてもいいでしょう。クラスの場合は、1つの作品につき1つの質問を受け付けるなどして調整してください。

> ポイント
>
> サンプルスライドとフォーマットは、学習者に配布するスライドの一番上に入れておき、そのまま共有します。そうすることで、学習者がもう一度サンプルを見たい時、いつでも自分で確認することができます。

個人活動として取り入れる場合

Padletを使うと、動画や画像の形式で、個人で好きなものについて紹介することができます(参照 p.231 基本の使い方)。投稿は各人で行いますが、他の人の投稿を見てコメントをすることで他の学習者との交流が図れます。

活動 46 ●文型別活動

レビューを書いてみよう

ある商品の写真を Padlet に投稿し、そのレビューを書いてみましょう。

 初中級　 個人 → クラス　〜ために、〜ので　目的・理由　 Padlet

概要　商品のレビューを書いたことがありますか？　この活動では、各自1つ何か物の画像を用意し、Padletにアップロードします。そして、その商品についてレビューをするつもりで説明を書いていきます。本当に最近買ったものでもいいですし、他の人におすすめしたいものでも構いません。

準備　Padletのボードに教師の商品レビューを投稿しておきます。

手順

1 ▶ 個人作業を行う

まずは各自で写真と文章を投稿します。
教師は参考までに、内容に含めるとよいと思う項目をいくつかリストアップして示してあげるといいでしょう。

> 例） ・なんのためにその商品を買ったのか。
> ・今のところ、使ってみてどうか。
> ・高いと思うか、安いと思うか。

「5、6文以上で書くように」などと、おおよその文章量も最初に指定しておきます。また、教師は投稿されたものを順次確認し、必要であればフィードバックをします。

2 ▶ クラス活動に移る

一通り投稿が揃ったところで、今度はクラス活動に入ります。クラスメートの投稿を読み、その投稿にコメントを書きます。

3 ▶ 最後にまとめる

コメントする作業が一通り終わったところで、簡単に「誰のレビューが一番いいと思ったか」「買ってみたい、使ってみたいと思うような商品があったか」を全体に向けて尋ねて、活動のまとめとします。

ポイント

必要であれば、個人活動とクラス活動の間に、一度グループ活動を入れてもいいでしょう。その場合、自分が書いた投稿をグループメンバーに発表します。グループメンバーからの質問を受け、投稿を編集したいと思う部分があれば編集する時間に充てることもできます。

投稿は家での課題とする

授業内で全ての手順を行うのが難しい場合は、手順1の商品を投稿してくる作業を家での課題とするのも一案です。授業内ではグループやクラスで投稿をもとに話し合う作業を中心に進めます。

活動 47	●文型別活動

自分の町クイズ

自分の国や町に関するクイズを作って、クラスメートに出題してみましょう。

 初中級　グループ/クラス　～か、～かどうか　不明確　Googleスライド

概要　「富士山の高さが何メートルか知っていますか？」「日本の名古屋は、何が有名か知っていますか？」自分の国や町に関する質問をクラスメートに投げかけてみましょう。正しく答えられるかな？

準備　見本のサンプルスライドを6～8枚作っておきます。

1枚目に質問、2枚目に答えのパターンで、3つ、4つのクイズのスライドを作成します。

後ほど学習者が文とイラストを入れるだけで簡単にスライドが作成できるよう、テンプレートスライドも入れておきます。

手順

1 ▶ お手本を見せる

まずは教師が作成したクイズを学習者に出題します。最初に「私は日本の〇〇町から来ました。今日は日本についてのクイズをします」と簡単に導入をします。そしてスライドのイラストと問題文を見せながら「富士山の高さが何メートルか知っていますか？」と投げかけ、2、3人の学生に知っているかどうかを聞きます。答える時、学習者には「いいえ、知りません」だけで終わらせずに、できれば「いいえ、知りません。でも、3000mぐらいだと思います」と付け足すように促します。

2 ▶ 学習者もスライドを作成する

教師のサンプルクイズを2、3問試して問題の作り方と進め方が理解できたところで、今度は学習者にもクイズのスライドを作ってもらいます。教師のサンプルスライドが入っているスライドリンクを学習者に送ります。学習者は各自でテンプレートのスライドを複製して、問題を作成します。

3 ▶ クイズの出題

クイズが出来上がったら、出題タイムです。ブレイクアウトルームに入ってグループ内で順番を決め、1人が出題者となり他のグループメンバーが答えます。終わったら、グループ内の次の人が出題者となりローテーションしていきます。クラスの人数が少ない場合は、1人ずつクラス全体に向けて出題します。

> **ポイント**
>
> 同じ出身国の学習者が多い場合は、国ではなく町をトピックにするといいでしょう。または、個人でスライド問題を作るのではなく、3、4人で1つのグループを作り、グループごとに問題を作成するのも一案です。

プロジェクトへの応用

授業中の一活動として本活動を導入してもいいですが、もう少しじっくり時間をかけて、プロジェクト活動へと発展させることも可能です。その場合は、下記の要領で進めることができるでしょう。

1. インターネットを使って調査
2. 質問を考え、答えのスライドを用意
3. 文法や表記、内容の確認
4. 「説明（導入）→質問→答え」の流れを練習する。
5. 実際に出題（発表）

活動 48

●文型別活動

楽しそう！

1枚のイラスト上に、「楽しそう！」「おいしそう！」などの、該当しそうな文字カードを移動させます。

初中級 ／ ペア／グループ ／ 形容詞＋そうです ／ 様子 ／ Googleスライド

概要　1枚の絵から「冷たそう」「おもしろそう」「あまそう」と、想像力を駆使してみましょう。この活動では、Googleスライドを使って、文字カードを動かしていきます。ペアやグループで活動することで、新しい発想に出会うことができるかもしれません。

準備 **描写しやすいイラストを準備しておきます。**

1枚のイラスト（できるだけさまざまな描写がしやすそうなもの）を背景固定で挿入し（参照 p.229 画像を背景として挿入）、横に文字カードを入れておきます（文字カードは画像として取り込みます）。お手本として、サンプルスライドと実際に活動に使用するスライドの2種類を用意しておくといいでしょう。

＜サンプルスライド＞

＜活動に使用するスライド＞

手順

1 ▶ お手本を見せる

教師の画面でGoogleスライドのサンプルスライドを表示しておき、それを画面共有して学習者にも見せます。1つの形容詞カードを選び、該当すると思われるイラストの上に、そのカードを置きます。

例) 教師：（「楽しい」のカードを取って）「この人たち……楽しそうです」
（カードを置く）
次は他のカードを取り、クラス全体に同様に文を作るように促します。
教師：（「あまい」のカードを取って）
学習者：「あまそうです」
教師：「このケーキはあまそうですね」（カードを置く）

サンプルスライドにあるカードがなくなるまで、学習者とやりとりをしながらカードを動かしていきます。徐々に学習者が自分で「〜そうです」を使って描写ができるようにします。

2 ▶ 学習者のみの活動に移る

カードを該当する箇所に動かす活動であることがわかったら、次に学習者が実際に使用するスライドを見せ、「ここは日本ですね。季節はいつだと思いますか？」と投げかけ、活動の導入をします。そして、新しい単語があれば説明しておきます。

3 ▶ ペアまたはグループワークに入る

単語が確認できたら、ブレイクアウトルームに入ってグループ活動に移ります。グループ内で順番を決め、「この川は冷たそうです」「この女の子は川に入っているから、気持ちよさそうです」と、文章を作りながらカードを動かしていきます。その際、誰か1人がGoogleスライドのリンクを開き、カードを動かす役を担います。その様子を画面共有で他のグループメンバーにも見せながら行うと、スムーズに進みます。

他のグループの回答も見る

自分のグループでの活動が終わったら、他のグループのスライドを覗いてみてもいいでしょう。自分のグループとは異なるところにカードを置いているかもしれません。カードを置く場所は1つとは限らないので、いろいろなアイデアを見ることができます。

●文型別活動

活動49 どんな比喩？

比喩表現の一部を隠し、どんな言葉が入るのかを考えます。

初中級 | 個人/グループ | ～のような、～のように | 比喩・比況 | Googleスライド

概要 「雪のように白いうさぎ」「わたがしのような雲」「空のように広い心」など、日本語には美しい比喩表現がたくさんあります。比喩表現の一部を隠し、「どんな言葉がふさわしいか」を、学習者に考えて投稿してもらう活動を紹介です。

準備 比喩表現の一部を隠した文を入れたスライドを準備します。

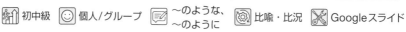

④今日は早く帰りたかったが_____のような仕事がのこっている。

＜問題文例＞
① 田中さんは、__のように走るのが速いそうだ。
② 古いパンがあったが、__のようにかたくて食べられなかった。
③ __のようにかわいい顔で寝ている赤ちゃんを見た。
④ 今日は早く帰りたかったが、__のような仕事がのこっている。
⑤ __のように、おなじことをずっと言っている。
⑥ かのじょは__のように、１日中ずっと寝ている。
⑦ そこには、____のような顔をしておこったお母さんがいた。

スライドの下の方には、後ほど意思表示に使えるようにアイコン画像を並べておきます。

手順

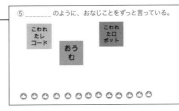
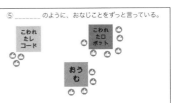

1 ▶ ルール説明

本活動では学習者はスライド上の文を読んで、そこに当てはまると思う言葉を、図形を使って各自で書き足していきます。

ただし、同じ言葉の図形がたくさん出てくるとわかりにくくなってしまうため、自分が入れたいと思う単語がすでに投稿されている場合は、下に並んでいる◯のアイコンを動かして「私もこれがいいと思う!」という意思表示をします。

2 ▶ スライドを共有する

本活動のルールと図形機能の使い方がわかったら、教師は学習者にGoogleスライドのリンクを送ります。学習者がファイルにアクセスすることが確認できたら、個人での作業時間とします。

3 ▶ 出た答えを確認

全ての人が回答し終えたところで、クラス活動へと移ります。今度は教師が画面共有をし、Googleスライドを表示し、全員で同じスライドを見るように促します。学習者に読み上げてもらったり、一番得票数の多かった言葉について、投稿した人にその意図を聞いたりしながら、問題1から順番に投稿された言葉を見ていきます。

ポイント

投稿された言葉を見ていくと、普段はあまり使わないような言い回しがたくさん出ることがあります。そのような場合、クリエイティブな投稿を尊重しつつも、一般的によく使われる日本語表現も一緒に提示する必要があります。

グループ活動にしてもよい

ここでは個人で投稿する活動を紹介しましたが、グループでじっくり考える形式にしてもいいでしょう。その場合はグループごとに付箋を入れられる枠をスライド上に作っておき、各グループで1つずつ「これだ!」と思う単語を投稿してもらうようにします。

活動	●文型別活動
50	# ワークシートで穴埋めクイズ

穴埋め部分に正しい敬語を入れる活動です。

初中級　個人　敬語　尊敬・謙譲　Googleスライド

概要　コンビニの店員やレストランのウェイターとの会話が、オンラインのワークシートになっています。元となる文には、敬語が使われていません。下線が引かれた部分を、敬語を使ったセリフに変えてみましょう。Googleスライドのテキストボックス機能を使った活動です。

準備　**敬語の使用場面が考えられる会話を用意しておきます。**

敬語が使われるべき部分には、下線を入れておきましょう。

（受付で）

客：あのう、すみません。食品売り場はどこにありますか。

店員：4階に<u>あります</u>。<u>あそこにエレベーターがあるので</u>、<u>それを使ってください</u>。

客：わかりました。ありがとうございます。

（エレベーターの中で）

店員：ドアがしまります。<u>注意してください</u>。このエレベーターは、<u>上にいきます</u>。<u>お客さんは、何階に行きますか？</u>

客：4階です。

店員：<u>わかりました。</u>

手順

1 ▶ リンクを配布する

敬語の問題をGoogleスライドに入れたものを用意し、リンクを学習者に送ります。問題は背景固定しておくと、学習者が問題を動かしてしまうことがなく便利です（参照 p.229 画像を背景として挿入）。また、複数の学習者が1つのGoogleスライドにアクセスする場合は、各自でスライドを複製して活動を行います。その際、誰がどのスライドを使っているのかわかるように、スライド上に学習者の名前を書かせるといいでしょう。

2 ▶ 穴埋めを開始

Type Hereと書かれたところにテキストボックスが入っているので、そこに下線部を敬語に変えた文を書き込みます（参照 p.228 テキストボックスの挿入方法）。

3 ▶ 答えを確認する

Googleスライドは自動採点機能がついていないため、答えの確認は教師と一緒に行うようにしてください。

> **ポイント**
>
> この活動は個人活動として紹介しましたが、ペアやグループで一緒に話し合いながら行うことも可能です。その場合、1人がスライドを画面共有し、文を書き込む役を担います。

シナリオを作ってみる

会話を敬語を使ったものに変えるという練習に慣れたら、今度は学習者が自分で敬語の入ったシナリオを作ってみるのはどうでしょうか。この活動はペアやグループでも行うことができます。

コラム 1 学習者がカメラをONにしてくれない！?

オンライン授業の問題としてよく取り上げられるのが、「学習者にカメラを
ONにしてほしいけれど、OFFのまま授業を受講している」というものです。
対面授業と同じように学習者の顔を見ながら授業を進めたいものですが、強制
するのが難しいという点もあり、頭を悩ませている教師も多いかもしれません。
そんな時は、以下の方法を試してみてはどうでしょうか。

1. 説明してみる

まずは真摯に、言語のクラスはコミュニケーションが大切であることや、
教師側としてはカメラ越しに一人一人のパフォーマンスが見たいことなど
を説明します。実は、これだけでもカメラをONにしてくれる学習者は多
いと思います。

2. ブレイクアウトルームの中だけでも

「カメラをつけると、たくさんの顔や目があって緊張する」という声を学習
者から聞いたこともあります。全員が揃うメインルームでのカメラONが難
しければ、ブレイクアウトルームに入り、少人数での活動になった時だけ
でも顔を見せてもらうようにするのはどうでしょうか。または、創作活動
のような個人で行う活動の時はカメラOFFでもいいが、人との対話をする
時はカメラをONにするなど、活動によって変化をつける方法もあります。

3. カメラをつけたくなるような活動を

教師側から強制しなくとも、楽しそうな活動をやっていると、次第にひょっ
こり顔を見せてくれるようになる学習者もいます。また、カメラ機能を積
極的に使った活動を導入することで、参加を促すこともできます。本書の
活動18にあるような、カメラを駆使したアクティビティを取り入れるのも
一案です。

4. フィルターの使用を勧める

中には、あまり生活空間を見られたくないという理由でカメラをOFFにし
ている人もいるかもしれません。そんな時はバーチャル背景を活用します。
例えば、本書の活動2の「バーチャル背景で名刺交換」は、背景を大きな
名刺にして名刺交換やあいさつの練習をする活動が載っています。このよ
うなアクティビティを活用してみてはいかがでしょうか。

4つの方法を紹介しましたが、その他にももっといろいろな解決策があるかも
しれません。ぜひ周囲の先生方とも「どんな風に対処していますか？」と、情
報交換してみてください。

第3章

短時間でできるゲーム活動30

授業がスムーズに進み、予定より早めに教えるべき内容が終わってしまいそうな時に使えるアクティビティを30個紹介します。せっかくの授業時間を余らせてしまわないように、5分、10分といった短時間でもできる活動です。

活動 51 形容詞でワードサーチ

●短時間でできるゲーム活動

リストにある形容詞の反対語を、ランダムなひらがなの並びから探す活動です。

初級 | 個人/グループ/クラス | 5分 | Wordwall

概要

「おおきい」「ひろい」などの形容詞がリストアップされています。それらの形容詞の反対語にあたるものを、表の中から探してみましょう。縦、横、斜めの方向から見つけることができます。オンラインで行う場合は、Wordwallを使うと便利です。カードがめくれるような動きや音楽もついていて、さっと楽しく形容詞の確認をすることができます。

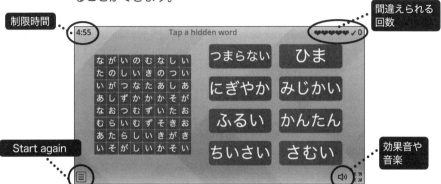

制限時間 / 間違えられる回数 / Start again / 効果音や音楽

手順

1 ▶ Wordwallで作ったワードサーチゲームを学習者に共有します。Startボタンを押すと、すぐにゲームが始まります。

個人で行う場合は、チャットボックスにWordwallのリンクを書き込み、各自でリンクを開くように指示してください。

2 ▶ 画面右側のリストの中から1つの単語をクリックした後、対になる形容詞を表の中から探してクリックします。

方向は縦と横だけでなく、斜めもあります。左（右）下から右（左）上に向かって単語が隠れていることもあります。

右上にハートのアイコンがあり、上の図の場合、5回まで間違えられます。

3 ▶ 制限時間内に全ての単語をクリックすればクリア！ 最後にスコアボードが表示され、何分で何点とることができたのかが表示されます。

Start againをクリックすると、何度でも挑戦できます。

形容詞の反対語

ちいさい	⟵⟶	おおきい
さむい	⟵⟶	あつい
にぎやか	⟵⟶	しずか
みじかい	⟵⟶	ながい
ひま	⟵⟶	いそがしい
ふるい	⟵⟶	あたらしい
つまらない	⟵⟶	たのしい

時間設定

短時間でさっと実施ができる活動の1つです。問題数を多めにすれば、10分ぐらいの活動になります。ただし、直前にゲームの問題数を変更することはできないため、事前に問題数を多めに作っておく必要があります。

▶ グループ活動にする場合

このゲームは個人でも十分に楽しめますし、グループ活動にすることもできます。Wordwallは同じリンクを共有しても、各自のパソコンやスマホ、タブレットで開くと、それぞれ違うゲームとして表示されます。もしグループで1つのゲームを一緒に行いたい場合は、グループの1人がゲームのリンクを開き、その画面を他のメンバーに共有して見せれば、一緒にゲームに取り組むことができます。

▶ クラス全員で行う場合

クラス活動にする場合は、教師だけがWordwallのリンクを開き、クイズを開けます。その画面を共有して学習者に見せます。反対語を見つけた人から自由に発言させてもいいですが、教師主導で「まずは"大きい"の反対語から探してみましょう」と、探す単語を指示して進めていくこともできます。この時、画面上のどこに該当する単語があるのか、オンラインの場合は指で示すことができませんが、「右から2番目、上から4番目にあります」という説明方法を、事前に導入しておくことで対応できます。

| 活動 52 | ●短時間でできるゲーム活動 |

イラストでスリーヒント

3つの似たようなイラストを用意しておき、ヒントをもとに1つに絞る活動です。

🏃 初級　😊 個人/クラス　⏱ 5〜10分　✂ スライド

概要　スライドに比較的似ているイラストを3つほど用意しておきます。教師がその中から1つのイラストを選び、描写します。学習者は、それを聞いてどのイラストについて話しているのかを当てる活動です。

手順

1 ▶ スライドに似たようなイラストを3つ、4つ並べておきます。

スライドは1枚だけでなく、何問か用意しておくといいでしょう。

2 ▶ 教師は1つのイラストを選びますが、学習者には選んだイラストの番号は伝えず、選んだイラストを口頭で描写します。

描写する時は、「3文だけ言います」など、回数制限を設けておきます。

例) ●お茶があります。
　　●バナナジュースがありません。
　　●水があります。

3 ▶ 説明を聞いた学習者は、どのイラストの説明をしていたのか、問題の番号を指でカメラに示します。

「3、2、1、どん！」と一斉にカメラに向かって指で示すようにすると、楽しさが増します。

4 ▶ 正解を伝え、もう一度3つの描写文を繰り返しながら答えを確認します。

5 ▶ 次のスライドの問題で、手順1〜4を繰り返します。

スライドの問題は、徐々に難易度が上がるような順番に並べておきます。

時間設定

問題の難易度にもよりますが、1つの問題につき2分ぐらいはかかります。5分ほど時間に余裕がある時は「ちょっとだけクイズ！」という形で2、3問ほど実施してもいいですし、10分ほど時間に余裕がある時は、下記で紹介する応用編としてじっくりと取り組むといいでしょう。

▶学習者が描写する

本活動では教師が描写し、それを聞いて理解する活動を学習者が行いましたが、この「描写する活動」を学習者に行ってもらうのもいいアイデアです。クラスの中で1人の学習者がイラストを選び、描写します。そして、他のクラスメートはどの番号を描写しているのかを当てるという形になります。

活動 53	●短時間でできるゲーム活動

何秒で言えるかな？

覚えたい単語や漢字をリストアップし、何秒で読めるかを競います。

初級以上 ／ 個人/ペア ／ 5分 ／ Googleスライド

概要　なかなか覚えられない単語や漢字を何度も繰り返し練習するのは大変です。そこで、制限時間を決めてペアと「何秒で全て読めるか」にチャレンジしてみましょう。学習者は自分の記録をつけながら何度か挑戦します。自己ベストが更新できるかな？

手順

1 ▶ 練習したい漢字や単語をスライドにリストアップします。

・一通り読み方を勉強したけれども、まだ覚えきれていない。
・定着したかどうか曖昧。
・なかなか覚えられない。
　という漢字や単語を使うといいでしょう。

2 ▶ ペアになり、最初に学習者Aが読みます。学習者Bは、記録係となり時間を測ります。

3 ▶ 学習者Aは「3、2、1、スタート！」の掛け声とともに次々に読み進めます。全て読み終わった時点で何秒かかったのか、学習者Bは学習者Aに伝えます。

 もし間違えて読んだものがあれば、学習者Bは後で学習者Aに伝えます。

4 ▶ 今度は役割を交代し、学習者Bが読む役、学習者Aが時間を測る役を担います。

 同じ問題で挑戦してもいいですが、並びを変更したスライドをもう1枚用意しておくのもいいでしょう。学習者Bも問題に目が慣れていないので、公平な競争になります。

5 ▶ かかった時間を記録しておきます。次の日にもまた同じ問題でタイムを測ることで、前日よりスムーズに読めたかどうかを知ることができます。

数日かけて何度かチャレンジすると、タイムが縮まる様子を見ることができて、モチベーションのアップにもつながります。

時間設定

出題する問題数にもよりますが、あらかじめ教師が用意した単語・漢字リストのスライドを使えば、5分以内にできる活動です。全ての単語を読み上げるのに時間がかかりそうな場合は、反対に「10秒でいくつ読めるか」という形式に変えてもいいでしょう。

ここでは教師側が単語や漢字のリストを作ってスライドを準備しましたが、もう少し時間に余裕があれば、自分が苦手だと思っている単語を学習者自身にリストアップしてもらうのもいいでしょう。毎回授業の最後の5～10分を使って、1日目は単語・漢字のリストアップをして読み方の確認、2日目～4日目は時間を測り読む速度を上げる練習をするという進め方もあります。

●短時間でできるゲーム活動

活動
54

カテゴリーを当てよう

単語をいくつか順番に表示しておき、それら全てが当てはまる
カテゴリー をなるべく早く当てるゲームです。

初級以上　　グループ/クラス　　5分　　スライド

概要　スライドに5つ、6つのキーワードを入れておき、アニメーション
機能を使って徐々に表示していきます。少しずつ単語を表示してい
く中で、それら全てが当てはまるカテゴリーが何なのかを当てま
す。グループでポイント制にするのも楽しいでしょう。

手順

1 ▶ あるカテゴリーに沿った5つ、6
つの単語をスライド上に入れてお
きます。

> 一度に全部表示させてもいいです
> が、アニメーション機能で順番に
> 表示されるようにしておくとゲー
> ム性が高まります。
>
> 必要であれば最初に1つ例を見せ
> ます。

2 ▶ 最初の単語から少しずつ表示して
いき、全ての単語に当てはまるカ
テゴリーがわかったと思った時点
で答えます。

学習者：「お菓子！」
教師：「残念ですが、違います」

Q1
•チョコレート
•ケーキ
•いちご

3 ▶ 学習者から出た答えが間違ってい
る場合は、そのまま3つ目、4つ目、
と単語をさらに表示していきます。

学習者：「甘い物？」
教師：「正解！」

Q1
•チョコレート
•ケーキ
•いちご
•キャンディ
•ココア

138

4 ▶ 合っていればそこで全ての単語を表示し、カテゴリーも表示して正解を再度確認します。

> スライドに同様の問題をいくつか用意しておき、手順1〜3を繰り返しましょう。

```
          Q1
• チョコレート
• ケーキ
• いちご
• キャンディ
• ココア
• さとう
```

時間設定

単語をゆっくり表示させていくと、5分で2問ぐらいのペースで進めることができます。多めに問題を作っておくと、10分、15分時間に余裕がある時にも対応できます。

応用編

「単語を1つ表示させただけでカテゴリーがわかれば6点、2つ表示なら5点、6つの時点でわかれば1点」などとポイント制にすると、ゲーム性が高くなります。その場の雰囲気に応じて調整してみてください。

▶ グループ対抗

対面授業の場合は、グループ対抗も比較的行いやすくなります。グループ対抗にする場合、解答権を順番に移していく方法で実施できます。1問目はグループ1にまず解答権を与え、不正解ならグループ2に解答権が移ります。そこで正解すればグループ2にポイントが入ります。正解が出なければグループ3、4と進めていき、当たったグループにポイントが入るというルールになります。

> **メモ** ●問題例
>
> | | |
> |---|---|
> | 犬、猫、鳥、魚、ウサギ、ハムスター | 答え：「ペット」 |
> | 車、自転車、電車、バス、船、飛行機 | 答え：「乗り物」 |
> | 鉛筆、ノート、教科書、教室、学生、先生 | 答え：「学校」 |
> | 山、川、海、森、空、花 | 答え：「自然」 |
> | サッカー、野球、テニス、バスケットボール、ゴルフ、スキー | 答え：「スポーツ」 |
> | 窓、ドア、床、壁、天井、屋根 | 答え：「建物」 |
> | すいか、花火、ひまわり、お祭り、暑い | 答え：「夏」 |

●短時間でできるゲーム活動

活動 55

漢字の一部を隠したけど、わかる？

スライド上の漢字の一部が隠れています。何の漢字でしょうか？

初級以上　個人/グループ/クラス　5分　Googleスライド

概要　スライド上に漢字が1つありますが、その一部が図形で隠れています。どんな漢字が隠れているか、わかりますか？　図形を少しずつずらしていくことで、漢字の違う箇所を隠したり見せたりすることができます。

手順

1▶ 1つの漢字が大きく入ったスライドを数枚用意しておきます。

2▶ それぞれの漢字スライド上に、一部を隠すようにして図形を載せます。

Googleスライドの図形の入れ方
（参照 p.228 図形の挿入方法）

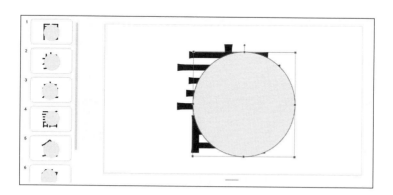

140

3 ▶ 図形で隠れている状態のスライドを学習者に見せ、その漢字が何であるかを当ててもらいます。わからないという人が多ければ、図形をその場で少しずらして、隠れている箇所を変えます。
プレゼンテーションモードでは図形を動かすことができないため、編集モードで図形を動かします。

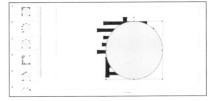

4 ▶ 漢字が何かわかったら、上に隠れている図形を取り除き、答えを明かします。

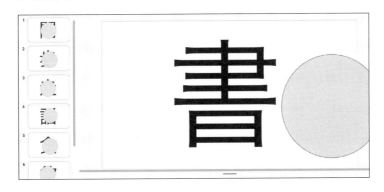

5 ▶ 同じ要領で、別の漢字の問題に挑戦します。

時間設定

5分で2、3問実施できます。問題を複数準備しておけば、10分程度時間に余裕がある時にも使えるでしょう。

初級であれば、漢字以外にもひらがなやカタカナで実施することができます。また、上の方のレベルでは漢字1文字ではなく、単語単位の問題にしておくことでも難易度が上がるでしょう。

| 活動 56 | ●短時間でできるゲーム活動
どれがなくなった？
8つの単語を覚えておき、1つだけ隠します。どれがなくなったのかを当てる活動です。 |

初級以上　ペア/グループ　5分　Googleスライド

概要　Googleスライド上に10の単語カード（またはイラスト）を並べておきます。1人が目を閉じている間、もう1人は10のカードのうち1つを隠します。どのカードが隠されたかわかりますか？

手順

1 ▶ ペアになり、学習者AはGoogleスライドを開きます。学習者Aが画面共有をし、10の単語カードを学習者Bに見せます。

 スライドを複製して、各ペアに1枚ずつスライドを割り当てておきます（参照 p.230 スライドの複製方法）。

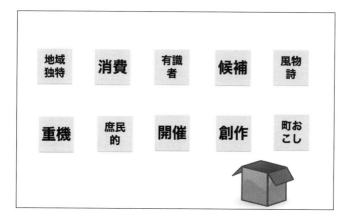

2 ▶ 0

 必要に応じて、ペアで一緒に漢字の読み方と意味を確認します。

3 ▶ 1分たったところで、学習者Bは目をつぶります。その間に、学習者Aは横にある箱のイラストを使って1つの単語を隠します。

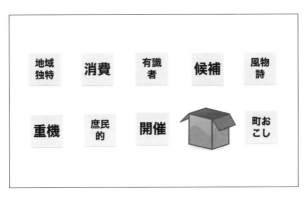

4 ▶ 学習者Bは目を開けて、隠された単語が何であるかを当てます。学習者Aは箱を動かして、答えを見せます。同様に3、4回出題します。

5 ▶ 単語カードの順番を並び替え、学習者Aと学習者Bの役割を交代し、再挑戦します。

> **時間設定**
> 比較的簡単に導入ができる活動で、そこまで時間もかかりません。さっと導入したい時におすすめです。

応用編

「10の単語カードではやさしすぎる」という人がいる場合は、11、12、13枚と少しずつ単語カードの枚数を増やしてチャレンジしてみてください。単語カードは文字だけでなく「新出単語のイラスト」に置き換えることで、新出単語のいい確認練習にもなります。

| 活動 57 | ●短時間でできるゲーム活動
仲間外れはどれ？
5つの単語の中に1つだけ仲間外れがあります。規則性を見つけ、仲間外れを見つけましょう。 |

初級以上 | 個人/グループ/クラス | 5〜10分 | スライド

概要
「イルカ、クジラ、魚、クラゲ、ウマ」。この中に1つだけ仲間外れがいます。仲間外れを1つ探し出し、どうしてそれが仲間外れなのかを説明しましょう。選ぶ言葉によっては中級以上の学習者でも楽しめる活動になります。

手順

1 ▶ ある規則性に沿った言葉をスライドに並べますが、その中の1つは規則に合わないものを入れます。

対面授業の時は、さっと板書する形でも構いません。

2 ▶ 単語が並んだスライドを学習者と共有します。そして1つの仲間外れを探し、その理由も説明するように伝えます。

例）「イルカ、クジラ、魚、クラゲ、ウマ」

ここではクラス全体で実施する方法を紹介します。

「クラゲ」など身近にない単語に触れるよい機会にもなります。

3 ▶ 仲間外れがわかった学習者がいたら、答えと理由を発表させます。

例）S：「ウマです。4つは全部海の動物ですが、ウマは海にいません」

説明する時、よりよい言い方として「海のいきもの」「陸上のいきもの」などの言葉を補足してあげてもいいでしょう。

4 ▶ 答えがわかったら、また次の問題に進み、手順1〜3をくり返します。

> ⏱ **時間設定**
>
> 問題数に応じて5〜10分で実施ができる活動です。事前にスライドを準備しておいてもいいですが、その場ですぐに質問を考えて出題することもできるので、事前準備がそこまで要らない活動です。さらに時間に余裕があったら、問題数を増やしてもいいですが、今度はグループになって学習者に、自分たちで1つ仲間外れの問題を作ってもらうのも一案です。

💡 応用編

ここではクラス全体で進める方法を紹介しましたが、個人やグループで行う時は、自分たちのペースで進めることができるよう、単語が書いてあるスライドを共有してあげるのがいいでしょう。また、上のレベルではクイズに使用する語彙の難易度を上げて調整してください。

> **メモ** ●問題例
>
> 問題:「サッカー、剣道、テニス、バレーボール、野球」
> 答え:「剣道」
> 理由:「4つは全てボールを使う競技だが、剣道はボールを使わないから」
>
> 問題:「鉛筆、ペン、筆、マーカー、消しゴム」
> 答え:「消しゴム」
> 理由:「4つは全て書く時に使う物、消しゴムは消す時に使う物」
>
> 問題:「池、川、海、湖、地」
> 答え:「地」
> 理由:「4つは全て水に関係した言葉だが、地は土地を表す言葉」
>
> 問題:「鳥、羽、空、翼、靴」
> 答え:「靴」
> 理由:「4つは全て飛ぶことに関連しているが、靴は飛ばない」
>
> 問題:「車、バイク、船、飛行機、自転車」
> 答え:「自転車」
> 理由:「4つは全て燃料が必要だが、自転車は人力で動かすから」
>
> 問題:「水星、金星、地球、火星、宇宙」
> 答え:「宇宙」
> 理由:「4つは全て惑星の名前で、宇宙はそれらの惑星が存在する空間だから」

●短時間でできるゲーム活動

活動 58 記憶力テスト

事前に単語を並べてスライドを作っておいて、それを記憶する活動です。

初級以上 ／ 個人/グループ ／ 5-10分 ／ スライド

概要 スライドに単語を並べておき、制限時間内にどれだけ記憶できるかを試す活動です。

手順

1 ▶ 復習したい20個の言葉を、1枚のスライドに並べておきます。

 1つのスライドだけではなく、それぞれ違う語彙をまとめたスライドをいくつか用意しておくと、いつでも時間が余った時にさっと実施できます。

また、単語数は必ずしも20である必要はありません。学習者のレベルに応じて調整してください。

2 ▶ そのスライドを30秒だけ学習者に共有し、30秒後に閉じます。

 時間に余裕がある場合は、共有する時間も長めに取るなどして調整してください。

3 ▶ 学習者は、スライドの中に並べられていた単語を思い起こし、2分以内にできるだけ多く書き出します。

 書き出す場所は、各自手元の紙やノートに書いてもらってもいいですし、Googleスライドに書き出してもらってもいいでしょう。

4 ▶ 最後に、もう一度言葉のリストが入ったスライドを見せ、答えを確認します。表記があっているもの、正しく答えられたものの数を数えます。

個人戦にすることもできますし、グループの合計点によるチーム戦にするのも楽しいでしょう。

時間設定

5分以内に活動を終えたい場合は、記憶する時間を30秒、書き出す時間を2分、最後に確認する時間を2分程度とします。もしクラスの残り時間が10分という場合は、書き出す時間を長めに取るなどして調整しましょう。また、1枚目のスライドが終わったら2枚目のスライドに移って、2回目を行ってもいいでしょう。

応用編

▶ 覚えさせたい単語は高ポイントに！

スライドに並べる言葉は、既に学習者が知っている単語をメインにしますが、その日新しく覚えたばかりの新出単語など、定着させたい単語もいくつか入れます。既に知っている単語は1ポイントですが、新出単語は3ポイントなどと設定しておきます。新しい単語をより多く思い起こすことができれば、より高得点になるという仕組みです。難しい、覚えにくい単語を高得点にしておくのも一案です。

▶ どのレベルにも対応

学習者のレベルに合った語彙を用意すればいいので、初級から上級まで、レベルに関係なく導入することができます。初級には初級の、中級には中級の語彙を用意して実施してみてください。

また、個別オンラインレッスンでの実施も可能です。チーム戦にはなりませんが、自分自身との戦い！ ということで、挑戦してもらってもいいでしょう。

●短時間でできるゲーム活動

活動 59

イラストはどっちだ？

お題に当てはまるイラストはどちらかを、瞬時に判断するゲームです。

初級以上 ｜ クラス ｜ 5～10分 ｜ スライド

概要

スライド1枚につき、2つのイラストを並べます（例：A イルカ／B ウマ）。教師はAかB、どちらかに当てはまるお題を口頭で言い、学習者はAかBかを瞬時に判断します。スライドさえ準備しておけば対面授業でも使える活動ですが、ここではオンラインで行う方法を解説します。

手順

1 ▶ まず例を見せます。問題のスライドを画面共有して学習者に見せ、教師はお題を読み上げます。

学習者はAとBのどちらだと思うかを、手元のメモに書きます。

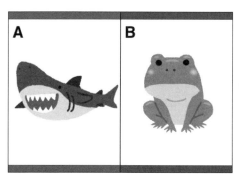

教師：「海の生き物、どっち？」

2 ▶ その場で答えを確認し、教師の言うお題に沿ってAかBを選ぶことを理解させます。

教師：「海の生き物なので、Aのサメですね。Bはカエルです。海には住んでいません。」

教師がお題を繰り返すのは2回まで、考える時間は1問につき10秒など、ルールを決めて伝えておきます。

3 ▶ 活動の順序とルールが理解できたら、本番です。10問ほどテンポよくスライドを移動し、出題していきます。

学習者は手元のメモに
1. A
2. B
3. B
4. B
などと書いていきます。

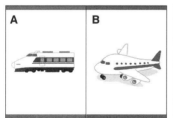

教師：「速いの、どっち？」　　教師：「飲み物、どっち？」

4 ▶ 10問全ての問題を出題し終わったところで、答えを確認します。最後に、10問中いくつ正しい解答を選べたか、クラス全体に問いかけて終了とします。

答えを確認していく時には、学習者がわからなかった言葉や初めて聞いた言葉などを解説します。

時間設定

ここでは10問全てを一度に出題する方法を紹介しました。10問全て行う時間がない場合は、「5問出題→5問答え合わせ」の順で行い、時間に余裕があれば、再度「5問出題→5問答え合わせ」を繰り返します。

応用編

初めてこの活動を実施する時には教師が問題を用意しますが、慣れてきたら学習者に問題を作ってきてもらうのも一案です。作ってきた問題に単語や表現の間違いがないか事前に確認が必要ですが、3、4問であれば確認作業にもそれほど時間はかからないでしょう。

▶ トピックを決めて

あくまでも時間に余裕がある時にさっと使える活動として紹介しましたが、特定のトピックに絞った練習教材としても使うことができます。単語の練習として、新出単語だけを集めたスライドで実施してもいいですし、「食べるもの」「日本の朝食によく出るもの」「冬に着るもの」など、名詞修飾に慣れさせる練習としても活用することができます。

●短時間でできるゲーム活動

活動
60

カテゴリーは何だ？

単語をいろいろと並べたスライドの中から、1つだけカテゴリーの違うものを探し当てるゲームです。

📊 初級以上 ☺ クラス ⏱ 5～10分 ✂ スライド

概要 ▶ 1つのカテゴリーに沿った単語をランダムに並べたスライドがありますが、その中に1つだけカテゴリーに合わないものがあります。それをいち早く見つけよう！ というゲームです。対面授業の場合はチーム戦に、オンライン授業の場合は10秒以内に答えを見つけること、といったルールを決めておきましょう。ここでは、主にオンライン授業で実施する方法を紹介します。

手順

1 ▶ あるカテゴリーに当てはまる単語をいくつかランダムに載せておきます。
その中に1つだけカテゴリーに当てはまらない単語も入れておきましょう。

<u>のみもの</u>

おちゃ

ミルク

みず

ビール

コーラ

ジャズ

カフェラテ

アイスティー

ぎゅうにゅう

アップルジュース

単語は、リストのスタイルにするよりもバラバラに載せておいた方が難易度が上がります。スライドは1枚だけでなく、単語やカテゴリーを変えたものを数枚用意しておきます。

2 ▶ 教師がスライドを開き、その画面を学習者全体に共有して見せます。

150

3 ▶ まずは練習として、1つだけカテゴリーに合わないの単語を10秒以内に探すゲームであることを伝えます。そして10秒後には全員で答えを確認します。

わかった人は、その場で言ってしまうのではなく、「カメラに向かって手を挙げて示すように」などの指示をしておくといいでしょう。

4 ▶ ゲームの流れがわかったところで、次のスライドに移ります。新たな単語の問題で、同様のチャレンジをします。

もし10秒という制限時間が短いようであれば、制限時間を長めに設定するなど、調整してください。

5 ▶ 最後に、10秒以内に正解が見つけられた問題が何問あったか、各自で数えます。見つけられた問題数がより多い人が高得点となります。

時間設定
問題を入れたスライドを多めに用意しておけば、時間に合わせて出題数を調整することができます。

▶ 難易度を上げる

最初の数問は、カテゴリーもスライド上部に入れておけば、難易度が下がります。ある時点から、カテゴリーは入れずに、単語だけを載せます。こうすることで、少し難易度が上がります。「レベルアップしてみよう！」と言いながら、楽しくチャレンジさせてみてください。

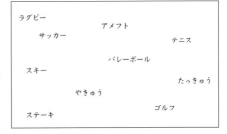

▶ 対面授業の場合

対面授業の場合、チーム対抗戦にすることができます。スクリーンに問題のスライドを表示し、各チームの先頭の人に回答権を与え、早く答えた人のチームにポイントが入るというルールで行うことができます。

活動 61	●短時間でできるゲーム活動

ルーレットで文作成

ルーレットで出た単語を使って、瞬時に文を作る活動です。

初級以上　グループ　5～10分　Wheel of Names

概要　オンラインで使えるルーレットを使って、短文作成をする活動です。1つテーマを決めて、それに沿った単語をルーレットにキーワードとして入れておきます。例えば、「位置を表す言葉」と決めておくのであれば、「上、下、中、横」といったキーワードを用意します。グループまたはクラスでルーレットを回し、出た目の言葉で瞬時に文を作るという活動です。オンラインルーレットはWheel of Names(https://wheelofnames.com/)を使うと便利です。

手順

1 ▶ オンライン授業の場合、まず全体に例を見せます。

> 📎 教師の画面にルーレットを表示し、その画面を共有するといいでしょう。

2 ▶ 教師はルーレットを回します。そして、学習者Aを指名し、「ストップ！」と言って止めてもらいます。

3 ▶ 教師は、出た単語を使って文章を作るように学習者Aに言います。文が作れたらOKです。すぐに次の学習者Bを当て、再度ルーレットを回します。

 面白い文を作る学習者がいたり、作った文について他のメンバーから質問が出たりして、文の内容を楽しむことができる活動です。

4 ▶ 学習者がルールがわかったところで、教師は学習者をいくつかのグループに分けます。グループの中で1人がルーレットの画面を出し、それを共有します。後はグループ内で順番に文を作っていきます。

 画面共有をしている人がルーレットを回す役を担いますが、文を作る人はグループ内で交代するようにします。

5 ▶ 一定時間たったら、全体画面（メインルーム）に戻ります。

 最後に、各グループでどんな文を作ったのか簡単に全体共有してもらって終了とします。

⏱ 時間設定

5分あれば簡単に実施できます。10分程度時間がある場合は、下記の応用編にあるように、文作成に制限時間を設けた活動にするといいでしょう。

▶ ルールを追加する

最初は文を作ることに集中させますが、慣れてきたら徐々に「ルーレットが止まってから10秒以内に文を作ること！」と言って、制限時間を設けてもいいでしょう。

ここでは位置を表す言葉を使った方法を紹介しましたが、「今日習った新出単語で」と新出単語の練習に使うこともできます。または会話の練習に応用するのも一案です。「コーヒーを飲む」「漫画を読む」「買い物をする」などといった行動を表すキーワードを入れておき、当たったものを使って「よく漫画を読みますか？」「はい、よく読みます。1週間に1冊ぐらい読みます」と、グループメンバーで会話を楽しむ活動へと発展させることができます。

●短時間でできるゲーム活動

活動 62 鏡文字、わかるかな？

鏡文字を見て、元の言葉を当てる活動です。

初級以上 | 個人/ペア/クラス | 5〜10分 | Googleスライド

概要　鏡文字というのは、文字や言葉や文章を反転させたものを指します。見慣れた単語や表現を鏡文字にしました。何と書いてあるか、当ててみましょう。

手順

1 ▶ 単語や表現を左右反転させた問題をGoogleスライドにいくつか入れておきます。

Googleスライドで左右反転文字を作る方法（参照 p.229 鏡文字を作る方法）

2 ▶ それぞれ、元の言葉が何であるかを考えます。

制限時間を決めて、事前に伝えておきます。

```
1. ともじんがく
2. さじまりた
3. んせんせ
4. あざがうちおんがく
5. たいぶんをうじむ
```
（※鏡文字の図）

154

3 ▶ 制限時間が終了したところで、答えを1つずつ確認していきます。学習者から答えを引き出す形で行うといいでしょう。

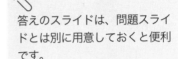
答えのスライドは、問題スライドとは別に用意しておくと便利です。

4 ▶ 鏡文字を上に、解答を下にアニメーションを使って表示させるとわかりやすいです。

時間設定

ここでは複数の問題を1つのスライドにまとめ、制限時間を決めて問題を解くパターンを紹介しました。もう1つの方法としては、「全ての問題を解くまでに何秒かかるか」を測るパターンにすることもできます。

応用編

左右を反転させた鏡文字ですが、余裕があれば「上下反転」にも挑戦してみましょう。左右反転と上下反転、2つのパターンを1つのスライドに入れておくと難易度も上がります。

上下反転の例　　　　　　　　　左右反転の例

●短時間でできるゲーム活動

活動
63

体の言葉を使った慣用句

「鼻が高い」「目を丸くする」など、身体の慣用句を使った活動
です。

👥 初級以上　☺ 個人/ペア　⏱ 5〜10分　✂ スライド

概要　日本語には身体の部位が入っている慣用句がたくさんあります。
「目を丸くする」「のどから手が出る」「口がかたい」――その一部
を隠して、穴埋め問題を作ります。どんな言葉が入るのか、個人ま
たはペアで一緒に考えてみましょう。

手順

1 ▶ 身体の単語が入った慣用句を用意し、
その一部を穴埋め問題にします。

> 1. びっくりして、＿＿目＿＿をまるくした。
>
> 2. おじいちゃんは９０才で、＿＿耳＿＿がとおい。
>
> 3. 田中さんはあまいものが大好きで、とくにチョコレートには
>   ＿＿目＿＿がない。
>
> 4. 山本さんは、＿＿口＿＿がかたい。ほかの人にひみつを言わない。
>
> 5. ＿＿のど＿＿から手が出るぐらい、あの新しいブランドのくつが
>   ほしい！
>
> 6. 兄がむずかしいテストで１００点を取ったそうだ。
>   父は「＿＿鼻＿＿が高いよ」と言っていた。

2 ▶ 下線部にどんな言葉が入るか考えま
す。個人で考えることも、ペアで一
緒に考えることもできます。

> 🖇 オンライン授業でペアで考える場
> 合は、ブレイクアウトルームに
> 入って活動ができるよう、問題を
> 共有しておきます。

156

3 ▶ 全ての問題について答えられたら、最後に全体で答えを確認します。

必要に応じて、それぞれの慣用句をやさしい表現に言い換えて、意味を確認します。

1. びっくりして、_____をまるくした。
2. おじいちゃんは90才で、_____がとおい。
3. 田中さんはあまいものが大好きで、とくにチョコレートには_____がない。
4. 山本さんは、_____がかたい。ほかの人にひみつを言わない。
5. _____から手が出るぐらい、あの新しいブランドのくつがほしい！
6. 兄がむずかしいテストで100点を取ったそうだ。父は「_____が高いよ」と言っていた。

メモ ●その他の身体部位が入った慣用句例

例) 目を皿のようにする
　　足が棒になる
　　首を長くして待つ
　　頭が真っ白になる
　　腹が立つ
　　肩を持つ
　　胸を張る

 時間設定

問題文に使用する日本語のレベルや問題数を変えることで、活動にかける時間を調整することができます。時間に余裕がある場合は、下記に示す応用編を試してみてください。

日本語で「腰が引ける」といえば、自信がなく怖気づくという意味になりますが、同様のことを英語で表すと「cold feet」となり、「腰」ではなく「足」になります。学習者が日本語以外に知っている言語には、どんな慣用句があるか、どんな違いがあるかを考えて、グループで話し合うのもよい活動になるでしょう。

|活動 64|

●短時間でできるゲーム活動

規則を探せ！

頭を使う日本語のパズルを用意しました。

初級以上　グループ/クラス　5分〜20分　スライド

概要　日本語を使った言葉のパズルがあります。言葉のパズルは、単語さえ知っていれば簡単に解けるはずですが、これがなかなか難しい！まずは本書に載せたサンプルをもとにチャレンジしてみてください。同じ規則を応用すれば、教師や学習者が自分で新しいパズルを作ることもできます。

手順

1 ▶ 学習者に言葉のパズルを提示します。

例）は→□→あ→ふ

オンライン授業の場合、問題はスライドで用意して見せることができます。対面授業の場合は、さっと板書するだけでもOKです。

2 ▶ ある規則に則って□にはひらがなが入ります。どんなひらがなが入るのかを考えさせます。

グループで考えさせてもいいですし、クラス全体で一緒に考えるのもいいでしょう。

3 ▶ 答えがわかった人は、手をあげて待ちます。
・□に入る文字は？
・どんな規則がある？

まだ考えたいという人がいることを考慮し、その場ですぐに答えを言ってしまわないように注意します。

4▶ 一定時間がたったら、答え合わせをします。

　　答え：な
　　理由）はる→なつ→あき→ふゆ

> この時、学習者には答えだけでなく、規則性も簡単に説明するように促します。

5▶ 複数の問題を用意しておき、同じ要領で規則性をどんどん当てていきましょう。

 時間設定

> 問題数に応じて時間調整ができます。たくさんの問題を用意しておき、次々に答えていくのもいいですが、1つの問題にじっくり取り組むのも楽しいです。

　その他の問題例

1）お→き→き→□→あ
　　答え：あ
　　理由）おととい、きのう、きょう、あした、あさって

2）げ→か→□→も→き
　　答え：す
　　理由）げつ、か、すい、もく、きん

3）し→は→□→じゅ→じゅ
　　答え：く
　　理由）しちじ→はちじ→くじ→じゅうじ→じゅういちじ

応用編

▶ グループ活動に

何問かゲームを行い、やり方がわかったところで、今度はグループに分かれて学習者に問題を作ってもらうのも楽しい活動となります。自分たちで問題を作るのも一つの学習になりますし、グループで協力して問題を作成するのもいいでしょう。

▶ 文化交流会

この活動はクラス内活動だけではなく、文化交流会などのイベントで行う日本語クイズとしても使うことができます。複数の問題を1枚のワークシートにし、グループで一緒に考えるアクティビティとして配布するのはどうでしょうか。大きめのポスター用紙に問題を書いておいて1文ずつ提出すれば、バスの中の日本語レクリエーションなどにも活用できます。

●短時間でできるゲーム活動

活動 **65**

頭文字から推測できる？

隠れているひらがなを1つずつ当てていき、文を完成させるゲームです。

🏃 初級以上　☺ クラス　⏱ 10分　✂ スライド

概要

き_____、デ_____で、せ_____、か_____。
頭文字だけが用意された文を見ながら、学習者は1文字ずつ言っていきます。言った文字が文の中にあれば、その文字が付け足され、文がどんどんわかりやすくなっていきます。最終的に、元の文を完成させるという活動です。オンライン授業でも白紙のスライドに文字と下線を打ち込めばいいので、事前準備なしでその場ですぐに実施できるゲームです。

手順

1▶「誰が、いつ、どこで、何をした」で構成される文を1つ思い浮かべ、それぞれの節の最初の文字だけを提示します。

 この時、それぞれの節が「誰、いつ、どこ、何」という順番になっていることを伝えておくと難易度が下がります。

例）せ__せ__は、き__う、ジ__で、う__ __う__ __ __ __。

 頭文字と同じひらがながすでに文中に含まれている場合、そのひらがなは提示しておいても構いません。

2▶学習者1人をあて、1文字言ってもらいます。その文字が文の中にある場合、それを書き足していきます。

 また、学習者が言った文字が複数の箇所に該当する場合は、該当する全ての箇所に書き入れます。

例）学習者：「い」
　　教師：せ__せいは、き__う、ジ__で、う__ __う__ __ __ __。

160

3 ▶ 次々に学習者をあて、隠れた文字を
探していきます。

> 例）学習者：「し」
> 　　教師：せ＿せいは、き＿う、ジ＿で、う＿　＿うし＿し＿。

4 ▶ このあたりで、「文全体がわかっ
た！」と思った学習者がいれば、
文全体を言わせて、合っている
かどうか確認します。

> この場合、「せんせいは きのう ジムで
> うんどうしました」という文の頭文字
> を取りました。

5 ▶ 文全体がわかったところで、
また次の問題へと移り、手
順1～4を繰り返します。

⏱ **時間設定**

1問5分程度、10分あれば2、3問実
施することができます。長めに実施した
い場合は、応用編で紹介するポイント制
を取り入れてグループ対抗にしてもいい
でしょう。グループで話し合う時間を入
れるため、その分少し時間が伸びます。

メモ ●**全体の流れ**

例）
問題：や＿＿＿＿＿は、お＿＿＿、デ＿＿＿に　か＿＿＿＿＿＿＿＿＿。
学習者：「い」
問題：や＿＿＿＿＿は、お＿＿い、デ＿＿＿に　かい＿＿＿＿い＿＿＿＿＿。
学習者：「も？」
問題：や＿も＿＿＿は、お＿＿い、デ＿＿＿に　かいも＿＿い＿＿＿＿＿。
学習者：「と！」
問題：や＿もと＿＿は、おとと い、デ＿＿トに　かいも＿＿い＿＿＿＿＿。
学習者：わかりました！
教師：どうぞ。
学習者：やまもとさんは、おととい、デパートにかいものにいきました。
教師：正解！

💡 応 用 編

時間に余裕があればポイント制にして、ゲーム性を高めることも可能です。文字
1つ分当てることができたら1ポイント、2つ分当てることができたら2ポイント
もらえ、文全体がわかったら3ポイント、などとあらかじめ点数を決めておきま
しょう。

活動 66 ●短時間でできるゲーム活動

メモリーチャレンジ

イラストを 30 秒だけ見ます。その後教師から出される質問に記憶を頼りに答えてみましょう。

初級以上 ／ 個人/ペア/グループ ／ 10分 ／ スライド

概要 イラストを1枚見て、その中にある情報をできる限り記憶します。その後教師はイラストを隠し、先程のイラストから問題を出します。どのぐらい覚えているでしょうか？ 個人またはペアやグループで協力しながら挑戦してみましょう。

手順

1 ▶ 教師は1枚のイラストを30秒間学習者に見せます。

> シンプルなイラストではなく、ある程度情報量が多いものがおすすめです。

162

2 ▶ 30秒たったところで、イラストを隠します。そして、イラストに関連する問題を出題します。

問題の出題数は時間に応じて調整してください。

問題例)
・ビールを飲んでいる人は何人いましたか？
・赤い服を着た人は、右から何番目にいましたか？
・右から3番目の女の人は、何を持っていましたか？
・イヤリングをしている人がいましたか？

オンライン授業の場合、問題は各人でメモを取らせたり、チャットボックスに貼り付ける形で共有できます。

3 ▶ 記憶を頼りに、個人またはペアやグループで相談して問題に答えていきます。

活動には制限時間を設け、学習者に伝えておきます。

4 ▶ 制限時間になったら、再度イラストを表示して答えを確認します。より多くの問題に正しく答えることができていれば高得点となります。

グループ対抗戦にすることもできます。

時間設定

絵を見せる時間が30秒では短いと感じる場合は、1分に伸ばすなどして調整してください。何度かこのアクティビティを導入するなら、「最初は1分、慣れてきたら30秒」と時間を短くしていく方法もあります。

10分あれば導入できる活動ですが、イラストを差し替えることで繰り返し練習することが可能です。その場合、日替わりで1つのグループがイラストと問題を用意し、教師の代わりにクラスに向けて出題するという担当性にしてもいいでしょう。同じクラスメートからの出題ということで、学習者も普段とは違ったモチベーションを見せてくれるかもしれません。

活動
67

●短時間でできるゲーム活動

シンプル質疑応答

学習者自身が問題を作成し、ペアで問題を出し合います。

初級以上 ◎ペア 15分 ✂スライド

概要　ペアで問題を出し合い、間違えずに答えることができれば１点もらえるゲームです。質問の意味は理解できていても間違っている部分があれば0.5点、見当違いな答えをしたら０点、などのルールを決めて行います。

手順

1▶ まずは学習者が、自分たちで問題を
作成する時間をとります。

> 問題数は時間に応じて６問ぐらいがいいでしょう。

　例）・いつも何で学校に来ますか？
　　　・うちから学校まで、どのくらいかかりますか？
　　　・富士山にのぼったことがありますか？
　　　・１週間に何時間ゲームをしますか？
　　　・子供の時、何になりたかったですか？
　　　・好きな動物は何ですか？

2▶ 問題ができたら、ペアの相手に出題
します。１問出題したら１問答える、
と交互に行います。

> 場合によっては、だいたいレベルが同じぐらいの学習者同士をペアにするなどの配慮が必要となります。

3▶ 点数配分は
　・間違えずに答えられれば１点
　・質問の意味は理解できていたが間
　　違っている部分があれば0.5点
　・見当違いな答えをしたら０点
として点数を計算していきます。

> 細かい点数配分はこの通りでなくても構いません。

　例）質問：富士山に登ったことがありますか。
　　　答え１：はい、あります。
　　　→１点
　　　答え２：いいえ、登らなかったことがあります。→0.5点
　　　答え３：はい、食べました。
　　　→０点

4 ▶ より早く5点に到達した人が勝ちとなります。

ゴールとして設定するポイントは自由に変更してください。

じっくりと取り組みたい場合は、作成する問題を5～10問程度に増やします。そしてゴールの設定を「お互いに全ての問題に答え、最後の合計得点で競う」というルールにしておきます。この場合、前途の方法よりも時間がかかることが予想されるため、活動にかかる時間は15～20分と多めに見ておきます。

▶ 問題作成

問題は学習者に作らせるのではなく、教師が事前に20問ほどリストを作っておくことも可能です。

▶ 制限時間を設ける

ポイント制ではなく「3分以内に何問正しく答えられるか」といった時間制にしてもいいでしょう。

▶ 対面授業でも

オンライン授業だけではなく、対面授業で実施することもできます。その場合はグループ活動にし、内1人が出題者となり、他2、3人のグループメンバーが回答者となります。制限時間内に何問正確に答えられるかを競います。グループ内の順番はいろいろ考えられると思いますが、「出題者は固定。2、3人が次々にローテーションで答えていく」という方法も一案です。

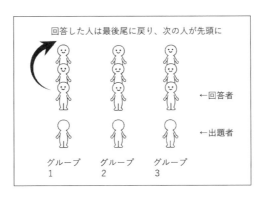

●短時間でできるゲーム活動

活動 68

漢字を組み立てよう

バラバラのカードになっている漢字の部品を組み立てて漢字を完成させます。

初級以上 | 個人/ペア | 10〜15分 | Googleスライド

概要 Googleスライドの上に、いろいろな漢字の部品が並んでいます。部品カードを動かして、漢字を組み立てます。余裕があれば、それらの漢字を使った単語作成にもチャレンジしてみましょう。

手順

1 ▶ 漢字をバラバラに分解したカードを作り、Googleスライドに載せておきます。

📎 部首は動かないように背景として挿入しておきますが、つくりは画像カードとして動かせるようにしておきます。

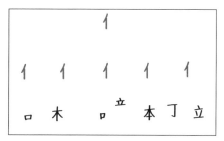

2 ▶ 教師は作る漢字を指示し、学習者はつくりのカードを動かしてその漢字を作っていきます。

教師:「休む」という漢字を作ってください。」

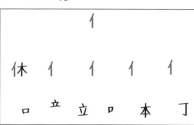

その他の漢字も続けて作るように指示します。

📎 元のスライドを複製して、学習者が1人1枚ずつのスライドで活動ができるようにしておくと便利です（参照 p.230 スライドの複製方法）。

3▶ 全て完成したら、これらの漢字を どのように使うか、各自で図形を 使って書き込みます。

 図形はダブルクリックすると、中に 文字を書き込めるようになります。

4▶ 最後に、他のクラスメートとスラ イドを見せ合い、どんな単語を作っ たのか共有します。

 他の人が作った単語の組み合わせで 読めないものがあれば、読み方を確 認するいい練習になります。

その他の例

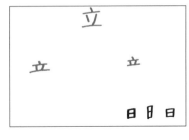

> **時間設定**
>
> 教師が作る漢字を指定する場合、パーツを動かす活動 自体にはそれほど時間がかかりません。教師が作る漢 字を指示するのではなく、学習者が作れる漢字を自分 で考え、問題を解いていく形にすることもできます。 その場合、活動の時間はもう少し長くなるでしょう。

応用編

ここでは共通の部首（にんべん）を持つ5つの漢字を問題としましたが、さまざ まな部首とつくりを1つのスライド上に入れておくパターンの問題を作ることも できます。この場合、部首カードも固定せず動かせるようにしておきます。

●短時間でできるゲーム活動

オンラインかるた

Googleスライドを使ったひらがなかるたです。単語にも応用できます。

初級以上　グループ　10〜15分　Googleスライド

概要　かるたは、実際のカードを使って対面授業で行うと、文字認識に効果があるだけでなく、ゲームとしてもとても盛り上がる活動です。ここではGoogleスライドを使ってオンラインでかるたを行う方法を紹介します。ひらがなやカタカナだけでなく、単語や新出単語でも挑戦してみてください。

手順　●進め方

1▶ Googleスライドの図形機能を使ってひらがなカードを作り、ボードにいくつか貼っておきます。さらに図形機能で作った丸も2つ入れておきます（参照 p.228 図形の挿入方法）。

複数のグループがある場合、元のスライドを複製しておきましょう（参照 p.230 スライドの複製方法）。

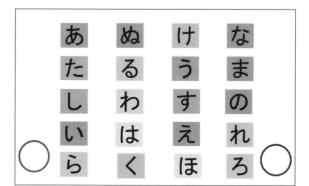

2▶ 3人1組のグループを作り、各グループで1つのスライドを使います。グループ内で、2人は対戦する役、1人は読み上げる役を担います。

グループ番号が「2」であれば、スライドも「2」を使うように指示すると便利です（参照 p.17 部屋番号とスライド番号を一致させる）。

3 ▶ 1人がひらがなを読み上げ、対戦する2人は読み上げられたひらがなの上に、自分の丸をすばやく置きます。

事前に使用する丸の色（学習者Aは赤、学習者Bは青など）を決めておくとわかりやすいです。

同じタイミングで丸を置いた場合は、最終的にどちらの図形の方が下に置かれているかで、判断することができます。

4 ▶ 最後により多く速く丸を置くことができた人の勝利となります。

5 ▶ ひらがなカードの並びを1回戦と変えます。2回戦は、先ほどと役割を変え、グループ内の別の2人が対戦、残りの1人が読み上げる役を担います。

次回また別のクラスでこの活動をする時には、丸を元の位置に戻すだけで再度活動を行うことができます。

時間設定

活動に使用する時間は、以下の方法で制限することができます。

■**準備するカードの枚数を調節する**
ここでは20枚のひらがなカードを用意しましたが、15枚に減らせば活動にかかる時間は少なくなります。学習者の進み具合によって調節してください。

■**教師側でタイマーを設定する**
あらかじめ活動にかける時間を教師側から設定すると、時間調整がしやすくなります。この場合、全てのかるたカードを取り終わっていなくても「3分以内でできるだけ挑戦する」というルールにします。

応用編

ひらがなかるたは他にもオンラインツールがありますが、Googleスライドを使うと、「あ〜た行まで」など、使用するカードを制限しやすくなります。また、ひらがな以外にも、カタカナや新出単語を使えば、それらを復習するかるたが作れます。

●短時間でできるゲーム活動

活動 70 言葉シャレード

ある言葉に関するヒントを説明し、ターゲットとなる言葉が何かを当てるゲームです。

初級以上　グループ→クラス　15～20分　Zoom

概要

シャレードというのは、もともとジェスチャーやイラストを用いて言葉を当てるゲームです。今回は、ジェスチャーやイラストではなく、言葉を用いたシャレードゲームを行う方法を紹介します。対面授業の方が比較的やりやすい活動ですが、オンライン授業でも工夫をすれば可能です。ここでは、オンライン授業に取り入れる方法を紹介します。

手順

1 ▶ クラス全体をグループに分け、ターゲットとなる単語のリストをそれぞれ渡しておきます。

今回は例としてA、B、Cの3つのグループに分けます。

例)

グループA	グループB	グループC
1. ラーメン 2. 新幹線 3. ねこ 4. 手袋	1. 郵便局 2. 天ぷら 3. パソコン 4. かがみ	1. かばん 2. ステーキ 3. 歯ブラシ 4. 紅茶

2 ▶ まずは各グループでブレイクアウトルームに入り、それぞれの単語を相手にどのように説明したらいいか、一緒に考えます。

ターゲットの言葉は使わず、あくまでそれに関わるヒントを使って説明します。

例) ラーメン
「熱くて、カロリーが高いです」「食べ物です」「野菜や肉がのっています」など

3 ▶ 準備ができたら、メインルームに戻ってきて、出題タイムになります。グループAの中から１人が説明する役を担い、クラス全体に向けてグループで考えたヒントを言います。グループBやグループCを含めた他のクラスメートは、グループAの１問目のターゲットの言葉が何であるかを、できるだけ早く当てます。

L（学習者）１：「野菜スープ！」
L（学習者）２：「どんぶり！」
L（学習者）３：「ラーメン！」

なかなかターゲットとなる言葉が出なければ、グループAはその場でもう少しヒントを追加しても構いません。

4 ▶ グループAの１問目の問題が終わったら、今度はグループBの中から１人が１問目を出題します。

例）郵便局
「街の中に１つはあるはずです」
「手紙を出すところです」
L１：「コンビニ」
L２：「ポスト！」
L３：「郵便局？」

5 ▶ A→B→Cと全てのグループが一通り出題し終えたら、再度Aに戻り、今度は２問目のキーワードで同様に出題します。

正解を当てたチームには点が入るポイント制にしておくといいでしょう。

⏱ **時間設定**

オンライン授業の場合、グループで話し合う時間も入れると最低でも15分はかかるでしょう。どの程度時間がかかるかが読みにくい場合、最初は問題数を３問ぐらいにとどめておき、まずグループで３問について説明を考えます。その後ゲームを実施し、時間に余裕があればさらに問題を追加することもできます。

対面授業の場合は、全てのグループが一度にプレイするグループ対抗戦にすることができます。教師はキーワードとなる写真を１つ選びスライドに表示します。各グループ回答者はスライドが見えないように座り、その周りを同じグループメンバーが取り囲みます。グループメンバーはキーワードを描写し、回答者が早く当てることができたチームにポイントが入ります。

活動 71	●短時間でできるゲーム活動

神経衰弱

オンラインでできる神経衰弱ゲームを紹介します。

初級以上　個人/ペア/グループ　15〜20分　 Match the Memory

概要

マッチングするカードを２枚選び、合っていればそのカードがもらえるという神経衰弱ゲームをMatch the Memory (https://matchthememory.com/) というツールを使ってオンラインですることができます。カードを何度もめくり読み上げるこの活動は、ゲームを通して新出単語を覚えたい時におすすめです。

手順

1 ▶ 個人で練習する方法を紹介します。まず神経衰弱のリンクを開くと、カードが一覧になって並びます。その中から２枚クリックしてみましょう

絵カードも文字カードも、出たカードは必ず声に出して読み上げることで、新出単語の練習になります。

2 ▶ カードが合っていれば、そのカードは開いたままになります。カードが合っていなければ、再度裏返されて絵柄が見えなくなります。

ここでは絵カードと文字カードを合わせる例を紹介していますが、

・同じ絵カードを２つマッチング
・同じ文字カードを２つマッチング

というパターンの教材も作成できます。

3 ▶ 全部のカードがマッチングされるまで続けます。全てのカードがマッチングできたら、そこで終了です。

「カードが何回めくられたか」「終了までにかかった時間」も表示されるので、「次はタイムを縮めてみよう！」と、目標を変えて再チャレンジすることができます。

 時間設定

画面に出すカードの数を制限することができるので、短時間で行いたい場合はカードを16枚までにするなどして調整してください。カード枚数の調整は、右上のNumber of Pairsボタンから、リンクを開いた人が各自で行うことができます。

 応用編

▶ ペアやグループで行う場合

神経衰弱は個人でもできますが、ペアやグループで行うのもいいでしょう。オンラインで行う場合、1人が神経衰弱のリンクを開き、その画面を他のグループメンバーに共有して見せます。右上のグリッドボタンを押すと、各カードに「A7」のように番号が振られます。

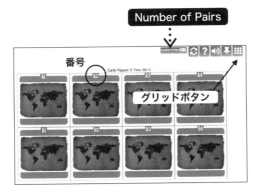

グループメンバーはこれを使って「A7とB6」のように、めくるカードを指示することができます。画面共有をしている人は、その番号に該当するカードをグループメンバーの代わりにめくります。

活動 72

●短時間でできるゲーム活動

○○と言えば！？

ある単語から思いつくキーワードを10個、リストアップして
みましょう。

初級以上 ┃ ペア/グループ ┃ 15〜20分 ┃ Googleスライド

概要
「冬の日」と聞いて、連想する言葉にどんなものがありますか。雪、
鍋、暖房、こたつ、スキー……10個ほどキーワードをあげてみましょ
う。その後、「冬の日」というタイトルで書かれた短い読み物を読
みます。その中に先ほどあげたキーワードが入っていれば、1つ1
点として数えます。

手順

1 ▶ ペアまたはグループになり、「冬の日」と
聞いて連想する単語を10個書き出します。

例）雪、寒い、暖房、こたつ、スキー、
スケート、クリスマス、お正月、
雪だるま、鍋

> 後で物語を読むので、「そ
> の中に入っていそうな単語
> を想像して書き出すこと」
> と伝えておきます。

2 ▶ キーワードの書き出しが終わったところで、
教師は同様のタイトルをもとに作った1つの
読み物を提示します。

冬の日

　寒い冬の日、窓の外には雪が降っていました。子供たちは学校が休みで、外で雪遊びを
楽しんでいました。彼らは雪だるまを作ったり、かまくらを作ったりしていました。みん
なでスケートリンクで滑ったり、雪の中で雪合戦をしたりしていました。

　一方、家の中ではあたたかいお鍋が煮立っていました。家族みんなで囲んで、美味しい
食事を楽しんでいました。お鍋の中には野菜やお肉がたくさん入っていて、体が温まりま
した。

　夕方になると、夜空にはきれいな星が輝いていました。家族みんなで外に出て、星を眺
めながらココアを飲みました。寒い中でも、心はあたたかくなりました。

　冬の日は寒いけれど、みんなで遊び、食事を楽しみ、星を見ることで温かさを感じるこ
とができます。冬ならではの楽しみがたくさんありますね。

174

3 ▶ ブレイクアウトルームに入り読み物を読みます。そして自分たちが書き出した単語がいくつ使われているかを探します。使われていた単語を数え、1つ1点で計算します。

丸の図形を最初から入れておけば、その図形を複製しながら動かすことで、キーワードに印をつけることができます。

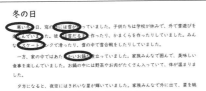

4 ▶ メインルームに戻り、クラス全体で
・何点獲得することができたか
・リストの中から使われなかった単語は何だったか
などについて話します。

その他のトピックで読み物をいくつか作っておけば、何度か続けて挑戦することができます。

5 ▶ 最後に読み物をもう一度読み、
・文章中にあるその他の冬らしいキーワード
・自分が知らなかった単語
などを確認し、活動終了とします。

 時間設定

時間が10～15分の場合は手順1～3までにとどめ、ゲームの1つとして導入することができます。時間に余裕がある場合は、4、5まで続けることで言語活動を増やすことができます。

応用編

ここで紹介したキーワードや読み物は、あくまでも「日本の冬の日」を連想させるものになっています。学習者の国ではどうか、共通しているキーワードがあるか、日本らしいと思ったキーワードがあるかなど、話し合う時間を後に入れて発展させた活動にすることができます。

●短時間でできるゲーム活動

活動 73 この単語、何?

ある単語を1つ思い浮かべ、他の人はヒントをもとにその単語を当てる活動です。

初級以上 | クラス→グループ | 5～10分 | －

概要

1つの単語を思い浮かべ、その1文字目だけを他の人に伝えます。他の人は、それがどんな言葉であるか推測し、順番に言っていきます。正解が出なければ、2文字目を伝えます。少ない文字数で単語を当てることができれば、高得点となります。

手順

1 ▶ まずはクラス全体に例を見せます。教師が問題を出す役となり、学習者を4、5人指名します。

> ここではまずクラス全体で行い、その後同じ方法でグループ活動へとつなげる方法を紹介します。

2 ▶ 教師(T)は1つの単語を思い浮かべ、その一文字目だけを学習者(L)に伝えます。

> ここでは、答えとなる単語を「きょうしつ」とします。

T:「き」

学習者は何の単語だと思うか考え、答えを1つ用意します。

L1:「きもの」
L2:「きりん」
L3:「きいろ」
L4:「きせつ」

> 答えは、手元のメモ帳に書いておいたものを相手に見せるようにするなど、前の人の単語を聞いて変えることができないようにしておきます。

3 ▶ 1巡目で正解が出れば、そこで終了です。正解が出なければ、2文字目まで伝え、再度単語を推測させます。

T：「きょ」
L1：「きょう」
L2：「きょねん」
L3：「きょうかしょ」
L4：「きょうしつ」

正解を当てた人が勝ちとなり、そこでこの単語については終了となります。
その後は、別の人が出題役となり、答える役もグループ内で交代していくというルールであることを伝えます。

4 ▶ ルールが理解できたら、グループ活動へと移ります。
グループ内で出題役と回答役を順番に担い、手順2～3を繰り返します。

特殊な言葉ではなく、皆が知っていそうな単語を出題させるようにします。

時間設定
時間に余裕がない場合や、学習者の数が少なくグループに分けるほどでもないという場合は、教師→学習者というクラス全体の活動だけで完結させるのも一案です。

応用編

「おしい！」「そっちか！」といった声が聞かれる本活動ですが、複数の問題に挑戦できる時間的余裕があれば、ポイント制にするのもいいでしょう。

例）何かしら単語を提示することができれば1点、単語を当てることができれば3点とします。

1巡目：「き」
L1「きもの」L2「きりん」L3「きじ」L4「きのう」L5「きせつ」
2巡目：「きょ」
L1「きょう」L2「きょうかしょ」L3「きょう」L4「きょ……」L5「きょねん」

正解の「きょねん」が出たのでこの単語は終了ですが、点数はL1：2点、L2：2点、L3：2点、L4：1点、L5：4点となります。その後、他の単語も続けて出題し、合計点を競うことができます。

●短時間でできるゲーム活動

活動 74 再現せよ！

ある文章を読んだ後、文章中の単語をいくつか隠します。その部分を再現してみましょう。

初中級以上 ／ 個人/ペア/グループ ／ 10〜15分 ／ Zoom

概要　短めの文章を１つ読み、その文章中のいくつかの部分を隠します。隠された部分には元々どんな言葉が入っていたか覚えていますか。個人やグループで文章を再現してみましょう。

手順

1 ▶ スライド１枚に収まるくらいの短めの読み物を用意し、その画面を学習者と共有します。

文章の内容と長さは、学習者のレベルや活動の時間に応じて調整してください。

昔、小さな村に元気な少年が住んでいました。彼の名前は太郎といいました。太郎は村で一番速く、走ることが得意でした。

ある日、太郎は村の人々に言いました。「わたし、今度村の祭りの競走に出るんだ！」太郎の友達たちは驚きましたが、彼の速さを知っていたので応援することにしました。

競走の日がやってきました。太郎は他の参加者と一緒にスタート地点に立ちました。太郎は緊張していましたが、友達たちの応援の声を聞くと勇気が湧いてきました。

---

2 ▶ 学習者にまずは各自で文章を読んでもらいます。黙読でも音読でも構いません。

「３分ぐらいで読むように」と制限時間を設けておきます。

3 ▶ 読む時間が終わったところで、今度は手順1の文章の中のいくつかの単語を隠し、「穴埋め問題」にしたスライドを表示します。

穴埋めにした部分には、問題番号も一緒につけておくと、ペアやグループで話し合う時に役立ちます。

> 昔、小さな村に元気な少年が住んでいました。
> 彼の名前は太郎といいました。 1 は村で一番速く、走ることが得意でした。
> ある日、太郎は村の人々に言いました。「わたし、今度村の祭りの 2 に出るんだ！」太郎の友達たちは驚きましたが、彼の速さを知っていたので 3 することにしました。
> 競走の日がやってきました。太郎は他の参加者と一緒にスタート 4 に立ちました。太郎は 5 していましたが、友達たちの応援の声を聞くと勇気が湧いてきました。

4 ▶ 個人で行う場合は、教師が画面共有している穴埋め問題のスライドを見て考えます。ペアやグループワークにする場合は、ブレイクアウトルームに入って相談しながら行います。

ブレイクアウトルームに入る場合は、穴埋め問題が載ったスライドを共有しておきます。こちらもある程度の制限時間を決めておきます。

5 ▶ 最後に、穴埋め部分にどんな言葉が入っていたかを全員で確認して終了です。

時間があまり取れない場合は、元の文章を短めにしておくことをおすすめします。また、難しい単語や読み方を知らない単語が多すぎると、元の文を読むのに時間がかかってしまいます。難易度も学習者に合わせて適度に調整してください。

ここでは文章中の単語をいくつか隠して穴埋めにする形を紹介しました。これは、最近覚えた単語を復習したりコロケーションを意識するのにも役立ちます。その他、単語ではなく節や文単位で穴埋め問題にすることもできます。そうすることで、話の前後の流れや文型を意識するきっかけにもなります。

●短時間でできるゲーム活動

活動 75

思いつく限り

カテゴリーが指定された表を、思いつく限りの単語で埋めていく活動です。

👥 初中級以上　😊 グループ　⏱ 15〜30分　✂ Googleスライド

概要　横の行には「動物、飲み物、国名、スポーツ」などのカテゴリー、縦の列にはひらがな一文字を入れた表を用意しておきます。そのカテゴリーとひらがなの条件を満たす単語をグループメンバーと一緒に考え、表を埋めていく活動です。対面授業の場合、白紙さえあればその場ですぐに実施ができます。オンライン授業の場合は、白紙の代わりにGoogleスライドなどのオンラインで共有できるスライドツールを使うといいでしょう。

手順

1 ▶ 行にはカテゴリー、列にはひらがな一文字を書き込んだ表を用意します。ここでは、オンライン授業でGoogleスライドを使う際の手順を紹介します。

列に入れるひらがなは、事前に準備しておいてもいいですが、その場でルーレットで選ぶと盛り上がります（ルーレットURL：https://wheelofnames.com/）。

カテゴリルーレット

カテゴリ→ ひらがな↓	動物	飲み物	国名	スポーツ
あ				
な				
き				
は				
り				

1枚のスライドが出来上がったら、それをグループの数に合わせて複製します（参照 p.230 スライドの複製方法）。

180

2 ▶ 1枚目のスライドを使って、1、2問例を見せます。スライドが出ている画面を共有した状態で、「"あ"で始まる"飲み物"を探してみよう」と学習者に投げかけます。全員で一緒に考え、「アメリカンコーヒー！」などと学習者から単語が上がったら、その単語を表の該当部分に書き込みます。

> テキストボックスの機能を使うと、表に単語を挿入することができます（参照 p.228 テキストボックスの挿入方法）。

3 ▶ ルールがわかったところで、グループ活動に入ります。グループメンバーと協力して、できるだけたくさんの単語を思い起こし、表を埋めていきます。グループ活動はブレイクアウトルームで行います。

> Googleスライドにはスライド番号がついているので、グループ番号と同じスライドに書き込んでいくように指示を出します。

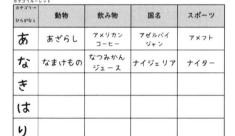

> あらかじめ、制限時間も決めておきましょう。

4 ▶ 時間になったら、メインルームに戻り、表にどんな単語を書いたのか全員で確認し、まとめます。まとめの作業は、以下の要領で行うことができます。

・どのくらい表を埋めることができたかを数える。
・グループごとにどんな単語を書いたか順番に発表する。
・学習者が自由に各グループの表を見回れるようにし、感想を述べる。
・他のグループで埋まらなかった部分があれば、みんなで一緒に考える。

> **時間設定**
>
> カテゴリーの設定を簡単なものにしておけば15分程度の活動として行うことができます。もう少し複雑なカテゴリーに設定した場合、20〜30分ぐらいじっくり時間をかけた活動にすることもできます。

▶ まだそこまで単語を覚えていない場合

ある程度の語彙を知っていないと、この活動は難しいかもしれません。その場合は、以下の方法でレベルを調節することができます。

・全活動を通して5回までならインターネットで調べてもOK。

・頭文字でなくても、語中に入っていればOK。

・カテゴリーの範囲を広げ、「スポーツ名」だけではなく「スポーツに関連した言葉」でもよしとする。

▶ レベルアップ！

学習者のレベルによっては「ただ単語を思い浮かべるだけだと簡単すぎる」という場合もあるかもしれません。そんな時は、「他のグループが思い浮かばないような単語を書いてみて」という指示を1つ加えると、この活動をレベルアップさせることができます。最後に全員で埋めた表を確認する際には、「他のグループと重なった単語は1点、他のグループが書かなかった単語は2点」と、点数配分を少し変えて、グループで合計点を競う方法もあります。

活動 76	●短時間でできるゲーム活動

単語、思い出せ！

カードで出た数字の文字数で作れる言葉、思いつきますか？

初中級以上 ｜ 個人/グループ/クラス ｜ 20〜30分 ｜ Wheel of Names

概要　2種類のルーレットを回し、「2」と「あ」が出たら「あ」で始まる2文字の言葉を考えるという活動です。数字が小さい場合はそれほど難しくありませんが、「6」「す」など文字数が多いものが出ると難しくなります。オンライン授業ではWheel of Names (https://wheelofnames.com/) を使うと、数字とひらがなをルーレットで選び出すことができます。

手順

1 ▶ まずはメインルームで教師主導でルーレットを行います。2種類のルーレットを表示しておき、2回ルーレットを回します。

 Wheel of Namesの画面を共有し、学習者も見えるようにしておきましょう。音声も共有しておくと楽しさが増します。

2 ▶ そこに出た番号とひらがなを使い、そのひらがなで始まり、かつ番号の文字数を満たす単語を書き出すように学習者に伝えます。

　例）出たひらがなと数字：3/て
　　　単語：てすと

 書き出す場所は、ノートやメモ用紙などで大丈夫です。

 特殊音の文字数カウントの仕方や、ひらがなだけでなくカタカナも含めてOK、などルールも事前に決めておきましょう。

3 ▶ 1分ほどたったら、また手順1と2を繰り返し、合計で6問ほど答えさせます。各問題1つずつ単語が用意できた時点で、ブレイクアウトルームに入り、グループ活動になります。

> ブレイクアウトルームでのグループ活動時間も事前に伝えておきます。

例） 問題1： 3/て→テスト
問題2： 2/あ→あめ
問題3： 5/つ→つきみそば
問題4： 6/す→スーパーマン

4 ▶ ブレイクアウトルーム では、グループメンバーとどんな単語を書いたのかを共有します。

> その他の問題2〜4についても同様に話し合い、問題1つにつき1つの回答を用意します

例） 3/て
学習者Aさん：テスト
学習者Bさん：てんき
学習者Cさん：テニス
学習者Dさん：テスト

その中で、できるだけ他のグループと同じにならないようなユニークな単語を1つ、グループの回答として用意しておきます。

5 ▶ 時間になったら、メインルームに戻ってきます。そしてグループごとに問題1から選んだ単語を発表していきます。他のグループと重複しなかったユニークな単語の数がポイントとなります。

> より多くのポイント数を獲得したグループが勝ちとなります。

⏱ **時間設定**

オンライン授業の場合は、個人→グループ→クラスという流れをへるため、少々時間がかかるかもしれません。15分程度で切り上げたい場合は、個人活動のプロセスをやめ、グループ活動からスタートすることもできます。その場合、ルーレットを使わずに、「①3/て、②2/あ……」などと教師が作った問題をチャットに入れておきます。

▶ 難易度の調整

レベルによってはまだ十分な量の単語を知らず、本活動を難しいと感じる人もいるかもしれません。その場合は、ひらがなの制限をつけずに文字数だけを使い「6文字の単語を思い浮かべること」というルールに変更することで、難易度が下がります。

▶ 対面授業の場合はトランプ&かるたで

ここではオンライン授業で導入する方法をメインに紹介しましたが、対面授業の場合はトランプとひらがなカードのかるたを使用して同様の活動ができます。トランプとかるたの山から1枚ずつカードをひき、出た数字とひらがなを使います。トランプとかるたさえあればできる活動なので、文化交流会や課外学習のバスの中でのアクティビティとしても応用できます。

▶ できるだけ多くの単語を思い浮かべる

手順の4と5では、「他のグループにはない、ユニークな単語を選ぶ」としましたが、そうではなく「できるだけ多くの単語を集める」というゴールに変更することも可能です。実施しやすい方で導入してみてください。

活動 77

●短時間でできるゲーム活動

五感を使え！

1つの物を中心に置き、聴覚や味覚などの五感の視点から描写する文を作成する活動です。

初中級以上　　グループ/クラス　　20〜25分　　Googleスライド

概要

「りんご」と聞いてどんな言葉が思い浮かびますか。甘い、赤い、おいしい……1つのトピックについて視覚、味覚、聴覚、嗅覚、触覚の五感を使った文章を作ってみましょう。新しい単語を学ぶきっかけにもなります。

手順

1 ▶ 例としてまずクラス全体で一緒に1問行います。ある1つの単語を中心に置きます。

テキストボックスや図形機能を使って書き込みができるGoogleスライドを使うといいでしょう。

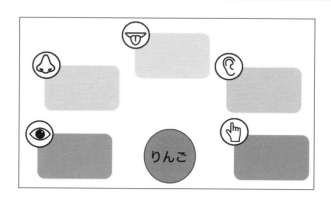

例）りんご

「りんごと言えば……」と言いながら「視覚」の欄を示し、学習者から言葉を引き出します。

学習者A：「赤いです」
学習者B：「青いのもあります」

2 ▶ 教師は学習者から出た言葉を、テキストボックスまたは付箋を使って、ボード上の「視覚」の欄に書き込みます。聴覚や味覚の欄も同様に学習者から引き出し、文を書き込みます。

> 口：食べると甘いです。酸っぱいのもあります。
> 耳：しゃりしゃりという音がします。
> 鼻：甘い香りがします。でも匂いは強くありません。
> 手：さわるとつるつるしています。

3 ▶ 趣旨が理解できたところでグループに分かれ、別のトピックを使って各自で文を作成します。必要に応じて、辞書を使ってもよいなどのルールを設けておきます。

グループで活動する際には、Googleスライドの元となるスライドを複製して使います
（参照 p.230 スライドの複製方法）。

4 ▶ 最後に、各グループがどんな文を作ったのか、クラス全体で共有してまとめます。

この時、学習者にあまりなじみのない単語や表現があれば、少し時間を取って紹介すると、新しい言葉を覚えるきっかけになります。

時間設定

ここで紹介したようにグループ活動をする場合は、20～25分ぐらいかかりますが、クラス全体で一緒に考えるというクラス活動にすると、活動にかかる時間を少し短くすることができます。

応用編

中心に置く単語は、教師が考えたものを使用してもいいですが、学習者自身に選んでもらうのもいいでしょう。また、各グループに同じ単語を与えるのでなく、それぞれ別の単語を中心に置くのも一案です。こうすることでよりバリエーションのある文章が生まれます。

●短時間でできるゲーム活動

活動
78

カテゴリーひらがな表

「あ〜わ」までの表を準備し、カテゴリーを1つ決め、それに
合う単語でひらがな表の「あ〜わ」を埋めていきます。

| 初中級以上 | ☺ グループ | ⏱ 20〜30分 | ✂ Googleスライド |

概要　まずはクラス全体で1つのカテゴリー（国、食べ物、自然に関する
語彙、身の回りにある物など）を決めます。そして「あ〜わ」まで
のひらがな表を用意し、グループでできるだけ多くのひらがなを埋
めていきます。どのグループが一番多く埋められるでしょうか？

手順

1 ▶ クラスで1つのカテゴリーを決め
ます。

　例）食べ物や飲み物に関連した言葉

カテゴリーが狭いと難易度が増す
ため、最初はカテゴリーが広いも
のを選択するといいでしょう。

2 ▶ 学習者はグループに分かれ、「あ〜
わ」までのひらがな表をグループ
で1つ受け取ります。

や	ま	は	な	た	さ	か	あ
ゆ	み	ひ	に	ち	し	き	い
よ	む	ふ	ぬ	つ	す	く	う
わ	め	へ	ね	て	せ	け	え
	も	ほ	の	と	そ	こ	お

188

3 ▶ それぞれのひらがなで始まる単語で、マスを埋めていきます。

や	ま	は	な	た	さ	か かき	あ あめ
ゆ	み	ひ	に	ち	し	き きゅうり	い いも
よ	む	ふ	ぬ	つ	す	く	う うま
わ	め	へ	ね	て	せ	け	え えだまめ
	も	ほ	の	と	そ	こ コーヒーゼリー	お オクラ

オンラインの場合は、Googleスライドのテキストボックス機能（参照 p.228 テキストボックスの挿入方法）を使うことができます。

4 ▶ 制限時間内にできるだけ多くのマスを埋めることを目標とし、グループで協力して進めていきます。

5 ▶ 制限時間になったところで、埋められたマスの数を数え、一番多くのマスを埋めることができたグループが勝ちとなります。

活動後に学習者は他のグループのスライドも見ることで、自分が知らなかった単語を学習することもできます。

時間設定

グループ内の人数やレベルにもよりますが、速いチームは15〜20分で終わらせることができるでしょう。「か、き、く、け、こ→が、ぎ、ぐ、げ、ご」もOKなどのルールを作っておくと、難易度が下がって速く進めることができます。

応用編

似たような活動でルーレットを使ったもの（参照 p.180 活動75）もあります。ルーレットを使うと、もう少しゲーム性が高くなりますが、こちらの表を埋める活動はグループでじっくりと取り組む活動になります。クラスの雰囲気やその時のニーズに合わせて選んでください。

活動 79 ●短時間でできるゲーム活動

20回以内に当てよ！

20回以内の質問の中でターゲットの単語を当ててみましょう。

中級以上　ペア/グループ　5〜10分　✂ ー

概要　ターゲットとなる単語を1つ思い浮かべ、他の人は質問をして、その単語を当てるゲームです。ただし、「はい」「いいえ」で答えられる質問以外してはいけません。「動物ですか」「4本の足で歩きますか」「葉っぱが好きですか」などと質問し、20回以内に当てましょう。

手順

1▶ ペアのうち学習者Aがあるターゲットの言葉を思い浮かべます。それを学習者Bには伝えません。

グループでも行える活動ですが、ここではペアで導入する方法を紹介します。

2▶ 質問する人は、「はい/いいえ」で答えられる質問を投げかけます。

例)　学習者B：「動物ですか？」　　　　　学習者A：「はい、動物です」
　　学習者B：「4本足で歩きますか？」　学習者A：「いいえ、歩きません」
　　学習者B：「2本足で歩きますか？」　学習者A：「いいえ、歩きません」
　　学習者B：「海の中にいますか？」　　学習者A：「はい、海の中にいます」

時には回答に迷う質問もあるかもしれませんが、「う〜ん……」と迷っている様子がヒントになることもあります。

3 ▶ 質問を続けていき、20回質問するまでに学習者Bがターゲットの言葉を当てることができたら、学習者Bの勝ちです。20回以内に当てることができなかった場合は、学習者Aの勝ちとなります。

4 ▶ 答えがわかったところで、役割を交代し、手順1〜3を繰り返します。

出題や回答にあたり、わからなかった単語を調べる時間をここで取ってもいいでしょう。

メモ ●出題例）ターゲット：キリン

学習者B：「動物ですか？」　学習者A：「はい、動物です」
学習者B：「4本足で歩きますか？」　学習者A：「はい、歩きます」
学習者B：「肉を食べますか？」　学習者A：「いいえ、食べません」
学習者B：「よくペットとして飼われていますか？」
学習者A：「いいえ、ペットにはならないと思います」
学習者B：「シマウマですか？」　学習者A：「いいえ、シマウマじゃありません」
学習者B：「背が高いですか？」　学習者A：「はい、背が高いです」
学習者B：「キリンですか？」　学習者A：「はい、そうです」

時間設定

1ターンで10分ほどかかることもありますが、10分以内に2ターンできる場合もあります。いずれも問題の難易度と、質問の数によります。時間以内に終わるように問題の難易度を調整したい場合は、次の応用編の方法を試してみてください。

ターゲットとなるキーワードに制限がない場合、とても広い語彙の中から探すことになるため、豊富な語彙力が必要となります（中上級〜上級にはおすすめ）。もう少し易しくしたい場合は、「身の回りにあるもの」「食べ物または飲み物」とジャンルを設定して、その中からターゲットを選ばせるようにします。また、20回の質問は「はい／いいえ」で答えられる質問に限定しますが、「5回までなら疑問詞を入れた質問をしてもよい」というアレンジを加えることでも、難易度が下がるでしょう。

●短時間でできるゲーム活動

活動 80 共通の言葉を探せ！

5つの単語の一部に入る、ある共通の言葉（文字）を当てるゲームです。

 中上級　　個人/ペア/グループ　　10～15分　　—

概要　小説○、音楽○、起業○、芸術○…。○に入る共通の言葉（文字）は何でしょう？　個人で挑戦またはペアやグループで協力して問題を解いてみてください。これまで知らなかった新しい単語に出合うきっかけにもなります。

手順

1 ▶ ○の部分には共通の言葉が入るというルールを学習者に伝えます。

 ○の部分は漢字の場合もあればカタカナの場合もあります。

2 ▶ まず例として一緒に1問解いてみます。
　例）腕○○、壁○○、○○回り、デジタル○○、腹○○

 この時、問題はスライドを見せたり板書したりするなどして出題します。

3 ▶ 個人/ペア/グループで考える時間を取り、一定時間たったところで答え合わせをします。
　例）答えは、「時計」。

 答え合わせの際は、解けた人やチーム単位で回答してもらいます。誰もわからなければ、教師側から答えを提示します。

 必要に応じて、もう1問例を見せてもいいでしょう。

4 ▶ ルールが理解できたところで、他の問題も提示します。全ての問題を1つのスライドにまとめておくと、最初の問題がわからない人も、わかる問題から進めていくことができます。

> オンライン授業の場合は、ブレイクアウトルームでグループごとに分かれて画像を見ながら相談することができます。

【問題1】
1. 飛行○
2. 計算○
3. 洗濯○
4. 掃除○

【問題2】
1. 運転○
2. 歌○
3. 切○
4. 若○

【問題3】
1. アイス＿＿＿
2. ＿＿＿パン
3. 生＿＿＿
4. シュー＿＿＿

【問題4】
1. ○○靴
2. ○○会
3. ○○選手
4. ○○不足

【問題5】
1. 花○
2. パン○
3. ○台
4. 八百○

【問題6】
1. キャッチ＿＿＿
2. サッカー＿＿＿
3. ミート＿＿＿
4. ＿＿＿ペン

【問題7】
1. 誕生日○
2. 飲み○
3. 新年○
4. 発表○

【問題8】
1. ○気
2. ○人
3. ○屋
4. ○名

【問題9】
1. ＿＿＿ゲーム
2. クレジット＿＿＿
3. イエロー＿＿＿
4. ID＿＿＿

【問題10】
1. ＿＿＿タブ
2. 高速＿＿＿
3. シャトル＿＿＿
4. ＿＿＿タオル

> 読み方がわからない漢字は、事前に確認したりふりがなをふったりしておきます。

5 ▶ 一定時間がたったところで、1つずつ答えを確認していきます。

> 答えを確認しながら、それぞれの単語の意味や、bathとbusの両方が「バス」になっている点など、気づいたことがあれば、それも共有しながら進めます。

 時間設定

考える時間を短くすることで、活動の時間を調整できます。また、10問全て出題する必要はありません。残りの時間に応じて6問のみ出題するなど、問題数を調整してください。

ここでは教師が作った問題を出題する方法を紹介しましたが、一度ルールを理解すれば、学習者に問題を作ってきてもらうこともできます。本当に存在する単語かどうか、一度教師が目を通す必要はありますが、こうすることで学習者主体で活動を進めることも可能になります。

●例題の答え
1. 機 2. 手 3. クリーム 4. 運動 5. 屋 6. ボール 7. 会 8. 本 9. カード 10. バス

コラム2 オンライン授業だとテンポが悪く感じる?

皆さんは、例えば同じ内容をオンラインと対面で行った際に、対面に比べてオンラインでは授業のテンポが遅くなってしまうと感じることはありませんか?特に口頭練習を行う際は、通信環境も影響し、オンラインでは対面時授業のようにテンポ良くは進みません。オンライン授業の利点を感じる点は多いとは思いますが、何事に長所と短所があるという点は否めません。オンライン授業全体をテンポ良く進めるためのコツを以下に2つ紹介します。

1. ミュートで話すのもアリ!

シャドーイングやマンブリングなど、多人数で口頭練習をする場合は全員が一斉に話しても、誰が何を言っているかわかりません。こんな時は、まず学習者のパソコンの音声をミュートにして、各自で練習させる時間を取ります。それからマイクをONにしてもらい、一人一人または数名の学習者を当てて、個別でチェックするようにします。

2. タイマーやストップウォッチを使う

活動に制限時間を設けることで、学習者に授業中のスピードを意識させることが可能になります。例えば、本書の活動26の「カードを並べ替えて文作成」のように、使用するツールにタイマーやストップウォッチが付いているものもあります。また、活動66の「メモリーチャレンジ」ように、学習者に応じて制限時間を柔軟に変える方法もあります。「なんとなくオンライン授業全体がゆっくりでダラダラとした雰囲気になってしまう」という場合は、こういった方法を活用してみてください。

オンライン授業と対面授業は、同じ日本語の授業でも、別物と考えた方がいいでしょう。対面でしていることと全く同じことをオンライン授業でしようとしても、なかなかうまくいかないものです。オンライン授業の長所を生かし、短所をカバーしながら、より良いオンライン授業を工夫してみてください。

Visual Generation/AdobeStock

第4章

説明能力を
つける活動
10

オンライン授業ではではさまざまなイラストや図版を手軽に学習者に見せられるので、それらを使って授業にさまざまな工夫をすることができます。ここでは、特に学習者の説明能力を伸ばす活動を10個紹介します。

| 活動 81 | ●説明能力をつける活動
何に使いますか？
ペアで道具の用途を説明し、カードを動かす活動です。 |

🔰 初級以上　😊 ペア　⏱ 20分　✂ スライド

概要

キッチン用品や文房具などの用途を日本語で説明してみましょう。ペアの1人が「これは、服を洗うのに使います」と用途を説明します。もう1人は説明を聞いて、該当するイラストを所定の場所に動かします。

手順

1▶ 問題の準備

さまざまな道具を配置する問題シートと完成図を用意しておきます。学習者はペアになり、学習者Aが説明する役を担い、学習者Bがカードを動かす役を担います。

問題シート　　　　　　　　　完成図

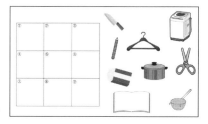

2▶ ペア活動

学習者Aは1つの道具を選びますが、道具の名前は直接学習者Bに伝えません。どの道具を選んだか、その用途を説明する形で学習者Bに伝えます。学習者Bは該当の絵カードをマスの上に動かします。

3 ▶ 確認作業

手順2を繰り返し9個のマスを全て正しく埋めることができたら、「どのように説明したか、わからなかった単語や説明に迷った単語があったか」を確認します。確認が終わったら、役割を交代します。

問題シート　　　　　　　　　完成図

説明例

A:「次、③は……ラーメンを作った後に使います」
B:「③は鍋ですね」
A:「あ、えっと……。ラーメンを作った後、水を捨てるのに使います」
B:「あぁ、③はこれですね」
A:「はい、道具の名前は私もわかりません」
（全てのカードを配置し終わったところで、1つずつ説明方法を確認していく）
T:「③はどのように説明しましたか？」

A:「ラーメンを作った後、水を捨てるのに使います」
T:「確かに、ラーメンやうどんなど、麺をゆでる時に使いますね。これは（ジェスチャー）水を切ると言います」
A:「麺をゆでた後、水を切るのに使います。」
B:「道具の名前はなんですか？」
T:"ザル"といいます。ザルは麺をゆでた後や野菜を洗った後、水を切ることができますね」

ポイント

ペアで役割を交代する際、全く同じ道具のイラストを使うと簡単になってしまうため、いくつか道具を入れ替えた問題シートと完成図で挑戦するといいでしょう。また、用途の説明が難しそうな道具のイラストを使うと、活動全体の難易度も上がります。学習者のレベルに合わせて調整してください。

| 活動 82 | ●説明能力をつける活動 |

季節のイベントを紹介しよう

祝日や文化イベントを1つ選び、キーワードをもとに説明する活動です。

初級〜中上級　個人/ペア　20分　スライド

概要

長めに話すことができない、一定の量を維持した発話が苦手……。そんな学習者におすすめの練習方法です。祝日や文化イベントを1つ選び、それを中心に置きます。そこにキーワードを書き込み、マインドマップのようなものを作成します。そのマップをもとに長めに話す練習をします。

手順

1 ▶ 話したいトピックを決め、それを中心に置きます。そこから派生させることができるトピックを周囲にさらに4つほど書き、それぞれのトピックに肉付けをしていきます。

2 ▶ 情報が少ない場合は、教師が「町の様子はどう？」「どんなプレゼントをあげる？」「料理はどんな料理？」などと質問をすることで、肉付け作業を手伝います。

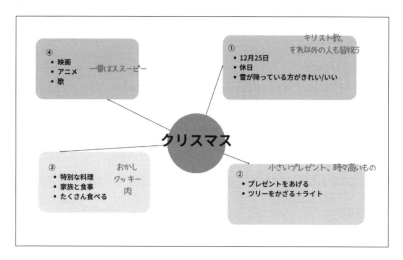

3 ▶ 肉付けしたキーワードを使って説明する練習をします。この時、わからない言葉や言い方は事前に調べておき、説明できるように準備をします。

4 ▶ 準備ができたら、作ったマップをもとにパートナーに説明します。
説明を聞く人には「何に注目して聞いたらいいか」を事前に指示しておくといいでしょう。「相手の説明を聞いて質問を3つすること」「相手のスピーチの中から自分が知らなかった単語を5つ探すこと」など、聞く目的を意識させます。

♡ 説明例　●トピック：クリスマス

私はクリスマスについて説明します。

（第1のキーワードを使った説明）
クリスマスは、12月25日のイベントで、その日は会社や学校も休みになります。キリスト教から始まった行事ですが、それ以外の人も皆祝うイベントです。雪が降っている方がきれいです。

（第2のキーワードを使った説明）
クリスマスにはプレゼントをあげます。たいてい小さいプレゼントをあげますが、大切な人には時々高いプレゼントをあげます。ツリーもかざって、ライトもつけます。とてもきれいです。

（第3のキーワードを使った説明）
また、料理も特別な料理を作ります。肉料理、お菓子、クッキーなどがあります。私は毎年家族と食事をするので、たくさん食べます。

（第4のキーワードを使った説明）
また、クリスマスの夜には、みんなでよく映画やアニメを見たり、歌を歌ったりします。私の一番好きなアニメはスヌーピーです。子供の頃から大好きです。

これで、クリスマスについての説明を終わります。

説明能力をつける活動 ⑩

ポイント

オンライン授業で導入する場合、マインドマップのテンプレートが入ったスライドを先に用意しておき、学習者はそこにキーワードを書き込んでいく形式にすると便利です。こうすることで、教師側は各自の進捗が確認しやすくなります。

活動 83	●説明能力をつける活動

なぞなぞ解説

日本語のなぞなぞを読み、答えとその説明を考えます。

👥 初中級以上　◎ ペア/グループ　⏱ 10〜20分　✂ スライド

概要 学習者はペアになり、なぞなぞのリストを見て、一緒に答えを考えます。答えがわかったら、「なぜその答えになるのか」をわかりやすく教師に説明します。

手順

1▶ 問題リストを渡す

まずは教師が、なぞなぞリストを学習者に渡します。なぞなぞはPDFやドキュメントで一覧にして、オンラインの場合はLMSやチャットボックスで学習者と共有します。対面授業の場合はプリントにして配布することもできますが、教師のスライドに問題一覧を掲載して提示しておくだけでもいいでしょう。

2▶ ペアまたはグループ活動

学習者はペアまたはグループで一緒に答えを考え、答えがわかった時点で、その答えが合っているかどうか教師に確認します。合っていれば、「なぜその答えになるのか」を説明します。

3▶ 教師からのフィードバック

説明にあやふやな箇所があったら、教師からフィードバックを行い、もう一度わかりやすく説明するように促します。OKがもらえたら、続けて次の質問に挑戦します。

> **説明例** ●なぞなぞの答えがわかり、教師に伝えに行く

L1：3番の答えがわかりました。(例：「兄さん」の前にある数字は何ですか。)
T：答えは何でしたか。
L2：答えは、「1」です。
T：どうしてそう思いますか。
L3：「にいさん」は、2と3だからです。
T：「にいさん」は数字の2と3と同じだから、ですね。そして？
L3：はい、数字の2と3の前は、1です。だから、兄さんの前は「1」です。
T：なるほど、ではもう一度まとめて説明してくれますか。
L3：はい、「にいさん」は数字の2と3と同じです。数字の2と3の前は1です。だから「にいさん」の前は「1」です。
T：わかりやすい説明ですね！ では次の問題に挑戦してください。

> **メモ** ●なぞなぞの問題例
>
> ・鬼が乗っているスープはなーんだ？　　　　　　　　　→オニオンスープ
> ・絵が一緒に付いてくる家具ってなーんだ？　　　　　　→つくえ
> ・「夏はどう？」って聞きながら食べるお菓子ってなーんだ？　→ドーナツ
> ・強く詰めこんだ丼ものってなーんだ？　　　　　　　　→牛丼
> ・食卓に置いてあるけど置かないものはなーんだ？　　　→おかず
>
> 引用元：https://nazogaku.com/

ポイント

ただでさえ難しいなぞなぞですが、それを日本語で理解するのは相当難しいことでしょう。学習者のレベルによって出題する問題の難易度を調整するのはもちろんのことですが、発想を変えて「答えを最初に示してしまい、理由説明に焦点を当てる」という方法もあります。

① **質問を出す**
　例：きょうだいで一番小さいのは？

② **少し考えさせてから、答えを提示**
　答：「ょ」

③ **理由説明**
　「きょうだい」の「き、う、だ、い」は全部おなじサイズで書きます。でも「ょ」は小さい字で書きます。

活動 84 ●説明能力をつける活動

間違い探し

2つのイラストを見比べて、どこが違うのかを言葉で説明します。

初中級以上 | ペア | 10〜15分 | スライド

概要 よく似た2つのイラストを見比べて違いを見つける間違い探し。誰もが一度はしたことがあるのではないでしょうか。違いを見つけるのは簡単ですが、ここでは「どう違うのか」を言葉で説明する練習を行います。

手順

1 ▶ イラストを見比べて言葉で説明

ペアで2つのイラストを比べて、違いを見つけます。違いを見つける毎に、その違いを言葉で説明します。

ちがいは5箇所あります

2 ▶ よりよい説明を考える

ペアでの活動が終わったら、クラス全体で「違う点はどこか、どのように説明したか」を共有します。この時、よりよい説明方法があれば、教師はそれを提示します。

3 ▶ よりよい説明方法で再度練習

最後にもう一度、5つであれば5つ全ての違いを最初からペアで説明します。この時、手順2で学んだ新しい単語や表現を用いて言えるように練習します。

説明例

●ペア活動
L1:「あ、あった！」
L2:「ほんとうだ。1つ目ですね」
L1:「左の絵では鳥が1つだけど、右の絵では2つですね」
L2:「そうだね。あ、2つ目も見つけた！左の絵ではflag（？）があるけど、右に はないですね」
（言い方がわからない時は教師に聞いたり、辞書を使ったりして確認）
L2:「flagは旗。左の絵では旗があるけど、右の絵には旗がないですね」

（全ての間違いを見つけた後で）
●クラス活動
T:「間違い、見つけられましたか」
L1:「左の絵では鳥が1つだけど、右の絵では2つです」
T:「そうですね。この鳥、名前はカモメと言います」

L1:「カモメが1つ、でいいですか？」
T:「"1羽"の方がいいですね。カモメが1羽飛んでいます。他に違いがありましたか？」
L2:「左の絵では旗があるけど、右の絵には旗がありません」
T:「よく気づきましたね。"旗がある"もいいですが"旗をたてる""旗がたつ"を使うのはどうでしょうか？」
L2:「旗がたっている、たっていない」
……他の問題も同様

●再度練習
L1:「左の絵ではカモメが1羽飛んでいますが、右の絵ではカモメが2羽飛んでいます」
L2:「はい。それから、左の絵では旗がたっていますが、右の絵では旗がたっていません」
……他の問題も同様

ポイント

最初のイラストセットの全体確認が終わったところで、2つ目のイラストセットに移ります。1つ目と似たような言葉や表現が使えそうな時には、それもヒントとして与えてあげるといいでしょう。

活動 85	●説明能力をつける活動

短文描写

「猫といえば？」などと、グループで順番に連想される文を出していき、「言いたいけど表現できない言葉」を探します。

初中級以上 ｜ クラス ｜ 15〜20分 ｜ Zoom

概要

「猫といえば……」「ふわふわしている」「動物」「毛があります」「ペットです」などと、1つのトピックにつき、思いつく事柄を描写していきます。制限時間内にボールを回して、どんどん答えていきましょう！

手順

1 ▶ タイマーとトピックの用意

本活動は対面授業でもオンライン授業でも導入が可能ですが、ここでは主に対面授業に活用する方法を紹介します。その場合、クラス全体が大きい輪を作り、ボールを1つ用意します。教師は1つトピックを選び、タイマーを2、3分でセットします。

2 ▶ ボールを回しながら文を作成

スタートの掛け声に合わせて、ボールを持っている人がトピックを描写する文を1つ作成します。すぐに隣の人にボールを手渡し、ボールを渡された人は同じトピックで別の文を作成します。繰り返し、次々に文を作っていきます。

3 ▶ 言葉の確認

制限時間になるまで繰り返し、時間になった時にちょうどボールを持ってしまっていた人が負けです。タイマーが鳴ったタイミングで第1ラウンド終了です。この時点で「こんなことが言いたかったけど、言葉がわからなかった」というものを共有します。辞書を使ったり教師に聞いたりして言えるようにしておきます。

4 ▶ 第2ラウンドへ

言葉の確認ができたところで、第2ラウンドです。トピックを変えて再挑戦です。トピックは全く新しいものを使ってもいいですが、第1ラウンドと少し似たものを使うことで、第1ラウンドで新しく学んだ言葉を使うきっかけを与えることができるでしょう。

💬❤ 説明例

T：「では、トピックは「ねこ」です。
　　時間は3分。ではスタート！」
L1：「ねこは動物です」
L2：「ペットにできます」
L3：「ふわふわしています」
L4：「……ねずみが好きです」
L5：「家にいます」
L6：「いろいろな種類がいます」

（時間切れになるまで続け、言葉の確認作業に入る）
T：「言いたかったけど、言葉がわからなかったものがありますか？」
L4：「これ（ジェスチャーでひげを示す）、なんと言いますか？」
T：「ひげ、ですね。ひげが生える、生えている、と言います」

> 説明能力をつける活動 ⑩

ポイント

オンライン授業の場合は、学習者の名前がランダムに表示されるツールを使って、名前が表示された人からどんどん文を作成していく方法で実施できます。名前がランダムに次々に表示されるツールはClassroomscreen (https://classroomscreen.com/) を使うと便利です。
ここではクラス全体で行う活動として紹介しましたが、グループごとに挑戦することもできます。その場合、どのグループも同じトピックで挑戦し、第1ラウンドが終わった時点でクラス全体で単語や表現を確認する時間を取るといいでしょう。

| 活動 86 | ●説明能力をつける活動 |

ご当地キャラを作成しよう

日本には全国にご当地キャラが存在しています。自分の町オリジナルのご当地キャラを作成してみましょう。

中級以上　ペア/グループ/クラス　40〜50分　スライド

概要　オリジナルのご当地キャラクターを作成する活動です。キャラクターのイラストを描くだけでなく、名前、出身、性格、特技、チャームポイントなどのプロフィールも文章で説明します。

手順

1 ▶ ご当地キャラについて学ぶ

日本にはたくさんのご当地キャラがいるため、一体どんなキャラクターたちがいるのか、5分ぐらいご当地キャラ図鑑を読みます。参照：https://www.homemate.co.jp/chara/

2 ▶ オリジナルのご当地キャラを作成する

ご当地キャラがどんなものかわかったところで、各自オリジナルのキャラクターを作ります。左側にイラスト、右側に文章を入れるように指定しておくとわかりやすいでしょう。

3 ▶ 作ったキャラクターを発表

20〜30分ぐらいたったところで進捗を確認し、出来上がっていれば各自作ったキャラクターについて発表します。発表を聞いた相手からは、質問も受け付けるなど工夫します。発表はペアで何度か相手を変えて行うこともできますが、グループやクラス全体に発表することもできます。

ロックン

ロックンは、アメリカのオクラホマ州から来ました。バラの形をした石が自然の中にたくさんあって、ローズロック（Rose rock）と呼ばれています。ロックンは、ローズロックから生まれた妖精です。
性格はおだやかで優しく、あまり話しません。人から話しかけられると、微笑むことが多いです。
特技はラインダンスです。小さい時におばあさんから教わったそうです。
チャームポイントは、つぶらな瞳と、とがった頭です。花びらのような丸い部分は石でできていますが、形が丸いので優しい印象を与えます。

> **説明例**　●クラス全体に発表した場合
>
> 学習者A：（自分が作成したキャラクターについて発表する）
> 学習者B：とてもかわいいキャラクターですね。「おだやか」というのはどういう意味ですか？
> 学習者A：「おだやか」はすぐに怒らない、落ち着いている、静かという意味です。
> 学習者C：ラインダンスというのを初めて聞きました。これはどんなダンスですか？
> 学習者A：ラインダンスというのは、みんなが並んで同じ動きをするダンスです。体の上（？）はあまり使わず、足をたくさん動かします。
> 学習者C：ラインダンスは練習が必要ですか？
> 学習者A：うーん、難しいステップもありますが、簡単にできるステップもあります。ロックンは足が短いですが、ラインダンスがとても上手ですよ（笑）。
> 　　教師：ロックンがたくさん並んで踊っていたら、とてもかわいいでしょうね。体の上の部分は「上半身」と言います。そして、足をたくさん動かして、ステップを踏むんですね。
> 学習者A：はい、上半身をあまり使わず、足を動かしてステップを踏みます。

ポイント

手順2で学習者がご当地キャラを作成している段階で、教師は見回りながら表記の間違いを指摘したり、よりよい表現を導入したりします。キャラをデザインする時には、自分が生まれた町や市である必要はなく、自分が好きな町・ゆかりのある市にしてもOKです。

| 活動 87 | ●説明能力をつける活動 |

そっくりな絵が描けたかな？

ペアのうち1人がイラストを見て描写し、もう1人はそれを聞いてイラストの中に再現します。

中級以上　ペア/クラス　20〜30分　Padlet

概要　イラストを事細かに説明する時、案外多くの語彙（ごい）を使っているものです。学習者にとっては意外と説明しにくいことが多く、「うっ……なんと言ったらいいんだろう」という状況になることもあります。そんな時は、新しい表現を学ぶチャンスです。ある程度の語彙が揃った中級以上の学習者と挑戦してみてください。

手順

1 ▶ ペア活動

まずは一定時間を与え、ペアで活動をします。学習者Aは完成したイラストを見ますが、学習者BはPadletで真っ白なキャンバスに描画機能を用いて絵を描く準備をします。

Aが見たイラスト

学習者Aは、イラストをできるだけ忠実に表現し、学習者Bはそれを聞いてキャンバスにイラストを描いていきます（参照 p.232 描画の挿入方法）。この時、学習者Aは、言い方のわからない単語や表現などを後で聞けるようにメモしておくといいでしょう。学習者Bはひとまず描けたものを投稿します。

Bのイラスト

2 ▶ 言い方がわからない部分を確認

時間になったら、学習者から「言い方がわからない」と質問があった部分を取り上げ、その表現の仕方をクラス全体で確認します。質問が出なくても、教師の側から学習者が使えそうなキーワードをいくつか導入するのもいいでしょう。

3 ▶ 再度ペアワークでイラストを完成させる

言い方がわからなかった部分が解決したところで、再度ペアワークに戻

上のイラスト：sam_ding/iStockphoto

り、学習者Aはよりよい表現で説明を行います。学習者Bはその説明を聞いて再度イラストを描いて投稿します。最後にイラストを見せ、できるだけ詳細に再現できていればOKです。

💛 説明例

①ペアワーク （L1＝完成イラストを見る　L2＝描き込む）
……
L1：魔女のような帽子で、帽子の先はこう（尖っているジェスチャー）です。下は広いですが、だんだん細くなって、最後は曲がっています。
L2：帽子の色は何色ですか？
L1：色はわかりませんが、星のパターンです。ベルトの下に４つ星がまっすぐです。
L2：ベルトはどこにありますか？
L1：ベルトは、帽子の大きいところの、すぐ上にあります。ベルトの上に、２つの星が右と左にあります。その上に、もう１つ星が真ん中にあります。

②クラスワーク
T：言いたいけど言えない、難しいところがありましたか？
L1：はい、帽子の先、こう（ジェスチャー）はなんと言いますか？
T：「尖っている」といいます。
L1：それから、帽子の大きいところ（ジェスチャーをしながら）、名前がありますか？
T：それは、「帽子のツバ」と言います。
T：それから、星がまっすぐになっていることは、「星が横や縦一列に並んでいる」と言うことができます。

③再度ペアワーク
L1：魔女のような帽子で、先は尖っています。帽子のツバのすぐ上に、太いベルトがあります。ベルトの下のツバのところに星が横一列に並んでいます。

※説明能力をつける活動 ⑩

ポイント

学習者のレベルや足りていない語彙の種類に応じて、選ぶイラストを変えるといいでしょう。

使えるキーワード……
一戸建て、煙突、煙、屋根、柵、長方形、半円型、ドアノブ

また、対面授業の場合はイラストの一部を削除したものを配布し、相手の説明を聞いて足りない部分を描き足していく活動にすることもできます。

左のイラスト：FrankRamspotti/iStockphoto　　右のイラスト：kei_gokei/iStockphoto

| 活動 88 | ●説明能力をつける活動
何が違う？
微妙な差を口頭で説明できるようにする活動です。 |

中級以上　ペア/クラス　20〜30分　スライド

概要　4つの似ているイラストから1つのイラストを選び、言葉で説明する練習です。

手順

1 ▶ 似ているけれど微妙な差があるというイラストを4つ用意しておきます。

① ② ③ ④

2 ▶ ペアになり、学習者Aは1つの絵を選びますが、選んだ絵は学習者Bには伝えません。

3 ▶ ペアになり、学習者Aは自分が選んだイラストの特徴を口頭で学習者Bに説明します。説明は「3文だけ」など制限を設けておきます。

4 ▶ 学習者Aの説明が終わったら、学習者Bからの質問を受け付けてもよいとします。学習者Aはそれに応えます。

5 ▶ 最終的に学習者Aはどのイラストを説明していたのか、学習者Bが当てることができれば、終了です。他のイラストセットを使って、何度か練習させることができます。

> 💬 **説明例**

A：全部トースターなんですが、私が選んだトースターは、ボタンが下の方に２ついています。
B：はい。
A：それから、色が２つあります。
B：はい。
A：開けるところは、上の方にあります。
B：開けるところ？　窓ですか？
A：いえ、あの、持つところ。
B：ああ、わかりました。ボタンとボタンの間に、会社のロゴが入っていますか？
A：いいえ、ありません。
B：②のトースターですか？
A：はい、そうです。

ポイント

活動に必要な語彙が足りていないことが想定される場合、この活動の前準備として、いくつか必要な語彙を補足しておくのもいいでしょう。

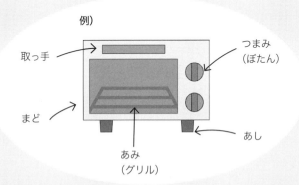

例)
- 取っ手
- つまみ（ぼたん）
- まど
- あみ（グリル）
- あし

ペアでの活動が一度終わったら、クラス全体で「よりよい説明方法」を一緒に考え、今度はそこで学んだ新しい表現や言い方を取り入れて、再度ペアで練習するという応用方法もあります。

●説明能力をつける活動

活動 89

アフレコしてみよう

短い動画に合わせて、動画の内容を解説していきます。

中級以上　グループ　50分　Zoom

概要　料理動画や伝統工芸品を作る動画など、手順がはっきりしている内容の短い動画を使用します。動画を流しながら「今ここではどんなことをしているのか」を、その都度描写していきます。

手順

1▶ グループで動画を見る

まずグループを作ります。後ほどジグソー形式で新しいグループを編成するため、各グループ内でメンバーにA、B、Cとアルファベットを与えます（参照 p.20 ジグソー法）。グループごとに違うトピックの動画を用意し、視聴します。

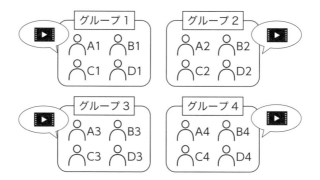

2▶ 説明を考える

どのように動画内の手順を説明したらいいか、グループで考えます。この時、後で説明できるよう、各自でメモを取っておきます。一通り説明に使える文言を確認したら、動画を流しながら解説する練習をします。

3 ▶ 新しいグループになり、披露する

手順3では数字ではなくアルファベット毎に集まり、グループを再編成します。新しいグループメンバーに、自分が練習した動画の解説を披露します。

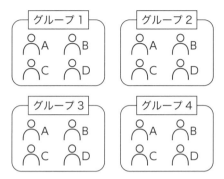

説明例

●料理動画を流しながら解説する

参照動画URL：https://one-taste.org/meshiagare/chap9

L1：おにぎりの作り方を説明します。まず、手を水で少しぬらして、ご飯を手の上にのせます。そして、好きな具材を中に入れます。これは、昆布を入れています。そして、三角にします。
次は、梅干しのおにぎりを作ります。この黒いのはゴマです。
具材を入れる時は、少しへこませるといいです。丸いおにぎりを作る時は、手の形を丸くしてにぎります。最後に海苔を巻きます。海苔はまず半分に折ります。好きな形に海苔を切って、巻きます。これで、出来上がりです。

●質問を受け付ける

L2：「具材がたくさんありますが、茶色いのはなんですか。左から2番目のです」
L1：「"おかか"です。魚でできています」
L3：「"へこませる"の意味はなんですか」
L1：「まっすぐじゃない、少し具材を入れる場所を作るという意味です」

ポイント

活動を始める前に、まずは教師がお手本として1つの動画を解説する様子を見せてもいいでしょう。動画は2、3分のものが最適で、長くても5分までにしておきます。

●説明能力をつける活動

活動 **90**

納得度1位！

「ペットにするなら何がいい？」など、お題に沿って自分のおすすめを1つ選び、それについてスピーチをします。

📊 中級　😊 個人/クラス　⏱ 30〜40分　✂ スライド

概要　「新しい趣味を始めるなら、何？」「私はピアノをおすすめしたい！」自分のおすすめを選び、その理由を他のクラスメートに説明します。

手順

1 ▸ お題の選択

お題をいくつか用意し、学習者は自分が推薦したいものを1人1つ、他の人と重ならないように選びます。選択肢は教師側から提示してもいいですし、学習者が自分でアイデアを出すこともできます。

グループ1	学習者A	学習者B	学習者C	学習者D
休日に行きたい場所は？	ビーチ	山	都会の町	田舎の村
グループ2	学習者E	学習者F	学習者G	学習者H
新しい趣味を始めるなら？	イラスト	楽器	料理	スポーツ
グループ3	学習者I	学習者J	学習者K	学習者L
好きな映画のジャンルは？	アクション	ロマンス	コメディ	SF
グループ4	学習者M	学習者N	学習者O	学習者P
最高の休日の過ごし方は？	家でくつろぐ	旅行する	友達と遊ぶ	新しいことに挑戦する

214

2▶ 持ち時間は1人2分！ 発表の準備をする

2分の中でできるだけ聞き手に「買いたい！」「やってみたい！」と思わせることができるかに焦点を当て、自分の発表の準備をします。
この時はわからない単語や表現を調べるにとどめ、一字一句スクリプトを書くことはしません。以下のようなフォーマットを例として示してあげるのもいいでしょう。

トピック＿＿＿＿＿＿＿＿＿

1. 自分がおすすめしたいもの・その理由
2. 個人的な経験を含める

3. これを選ぶと、こんな問題が生じるかもしれない
4. それに対する解決策は……
5. まとめ（念押し）

3▶ 順番に1人2分で発表していく

まずはグループ1の人（学習者A〜D）が順番に発表していきます。その後、教師主導で「誰の発表を聞いて、買ってみたい、行ってみたいと思ったか。誰の発表に1番魅力を感じたか」を基準に聴衆に投票してもらいます。多数決さん（https://tasuketsu.com/）というサイトを使うと、投票だけでなく一言コメントを入れることができます。

4▶ 繰り返して最後に投票結果を発表

後は他のグループも同様に「発表→投票」を繰り返します。最終的に、各グループの投票が出揃ったところで、教師は得票数が一番多かった人の名前を発表します。

説明例 ●会話形式

新しい趣味を始めるなら、ピアノがいいと思います。

ピアノというと、クラシック音楽のイメージがあるかもしれません。でも、最近はポピュラー音楽をピアノでひく人もたくさんいます。

デパートで、お客さんのリクエストを何でも聞いて、すぐにピアノでひくことができる人を見たことがあります。とてもかっこよかったです。

1つ、問題点はピアノを買おうとすると、とても高いことです。大きいピアノは部屋に置くことも難しいでしょう。

しかし、最近は電子ピアノも人気があります。電子ピアノは本物のピアノより安いので、趣味で始めたい人にはいいと思います。

ピアノは、皆さんが思っているよりも簡単に始めることができて、広いジャンルの音楽を楽しむことができる楽器だと思います。だから、私は新しい趣味を始めるならピアノをおすすめします。

ポイント

ビジネスシーンで短時間で自社製品を売り込むスピーチは「エレベーターピッチ」と言われています。約30～40秒で相手を納得させるスピーチを行う手法ですが、ポイントを絞って短時間にまとめるというのはなかなか難しいものです。まずは本活動を通して、自分がいいと思うものを見つけ、自分の言葉で熱意を持って発表することに挑戦してみましょう。学習者のレベルに合わせて質問のトピックを調整することもできます。

例）・一番大切にしたい特技はどれ？
　　　→コミュニケーション能力、創造性、リーダーシップ、問題解決能力

　　・自分の人生に欠かせないものは何？
　　　→家族、友達、キャリア、健康

●活動早見表 1〜15

活動	タイトル	レベル	形態	文型	機能	時間	ツール
1	日本のあいさつ	初級	個人	あいさつ表現	-		Book Creator
2	バーチャル背景で名刺交換	初級	グループ/クラス	自己紹介	-		Zoom
3	誰のですか？	初級	ペア	所有助詞［の］	所有		Googleスライド
4	今日は何を買おうかな？	初級	個人	カタカナ、物の値段	提示・説明		genially
5	時計、読めるかな？	初級	個人	時間の読み方	-		genially
6	こんなものがあった！	初級	個人→クラス	～があります、～がいます	存在		Padlet
7	スリーヒントクイズ	初級	ペア/グループ	～が上手です、～は～が（体の特徴）	評価		Googleスライド
8	カードでマッチング	初級	個人/ペア/グループ	～ので、～から、～と、～ば、～たら	理由・条件		Googleスライド
9	部屋の様子を描写してみよう	初級	ペア	～の～に～があります、位置を表す言葉	説明		Googleスライド
10	自分の部屋に何がある？	初級	個人/ペア	～の～に～があります、位置を表す言葉	提示・説明		Padlet
11	いくつ足りない？	初級	ペア/グループ	助数詞、～ので、～から	原因・理由		genially
12	家系図、作れるかな？	初級	ペア	家族の語彙、家族構成の説明、身体的特徴の描写	説明		Googleスライド
13	感想アイデアチャレンジ	初級	ペア/グループ	形容詞文、形容詞の過去形	説明		Wordwall
14	どちらの方が安い？	初級	ペア	～と～どちらの方が～より	比較		Googleスライド
15	どちらが好き？	初級	個人/ペア/グループ	～と～どちらの方が～、～から、～ので	比較		Googleスライド

活動早見表

217

●活動早見表 16〜30

活動	タイトル	レベル	形態	文型	機能	時間	ツール
16	どこに、何をしにいきたい？	初級	個人→グループ	目的の「に」	目的		genially
17	健康チェック	初級	ペア	～ています（習慣）	習慣		Googleスライド
18	ファッション推測ゲーム	初級	グループ/クラス	着脱動詞、～ています	結果の状態		Zoom
19	犯人は誰？	初級	個人/グループ	～て～て	順序		Book Creator
20	形容詞なぞなぞ	初級	グループ	形容詞で形	列挙		Zoom
21	春休み、何をしましたか？	初級	個人↔クラス	動詞の過去形、～たり～たり	並列・列挙		Padlet
22	日本全国を旅しよう	初級	個人/グループ	～たり～たり、～たいです	並列・願望		Book Creator
23	年中行事の紹介	初級	ペア/グループ	日付の言い方、～たり～たり	並列		Book Creator
24	経験ビンゴ	初級	グループ/クラス	～たことがある	経験		Bingo Baker
25	どんな変化があった？	初級	ペア/グループ	～になります	変化		AutoDraw
26	カードを並べ替えて文作成	初級	個人/ペア	名詞修飾	説明・情報提供		Wordwall
27	思い出のアルバムをデジタルで	初級	個人/ペア	名詞修飾（過去）	感概		Book Creator
28	何を描いているでしょう？	初級	ペア/グループ	～と思います	推量		AutoDraw
29	何だこれ？	初級	ペア/グループ/クラス	～と思います	推量		Googleスライド
30	日本のルール	初中級	ペア/グループ	～てもいいですか、～てはいけません	禁止・許可		Book Creator

●活動早見表 31〜45

活動	タイトル	レベル	形態	文型	機能	時間	ツール
31	標識をもとに判断してみよう	初中級	個人/グループ	～てはいけません、～ないでください	禁止・義務		Wordwall
32	どっちが先?	初中級	ペア/グループ(3人まで)	～てから	前後関係		Googleスライド
33	行く時と行った時	初中級	ペア/グループ	～る時、～た時	前後関係		Googleスライド
34	道案内をしてみよう	初中級	個人/ペア	～と(条件)、道案内の表現	説明		Googleスライド
35	自分の国の迷信を紹介しよう	初中級	個人/ペア	～でしょう、～と言われている、～そうです	伝聞		Book Creator
36	お土産をあげよう	初中級	ペア	～に～をあげます	受益		Googleスライド
37	感謝のメッセージカードを書こう	初中級	個人	～てくれる、～ていただく	受益		Googleスライド
38	どうすればいいですか?	初中級	グループ	～ばいいです、～たらどうですか	勧め		Wordwall
39	うそはどれ?	初中級	グループ/クラス	可能形、～が得意です	可能		Googleスライド
40	新型ロボット、発明!	初中級	個人→グループ	可能形、～ことができる	可能		AutoDraw、Googleスライド
41	アパート探し	初中級	ペア/グループ	～にする、～し～	選択・並列		Book Creator
42	文作成タブーゲーム	初中級	個人/ペア	～ている、自動詞+ている、他動詞+てある	継続・結果		Googleスライド
43	バスガイドの説明を聞こう	初中級	個人/ペア	～するつもりだ、～する予定だ	意志・意向		genially
44	チェーンゲーム	初中級	グループ	～なら	条件		Zoom
45	偉大なる製作者	初中級	個人/グループ/クラス	～によって+受身	案内	-	Googleスライド

活動早見表

●活動早見表 46〜60

活動	タイトル	レベル	形態	文型	機能	時間	ツール
46	レビューを書いてみよう	初中級	個人→クラス	～ために、～ので	目的・理由		Padlet
47	自分の町クイズ	初中級	グループ/クラス	～か、～かどうか	不明確		Googleスライド
48	楽しそう！	初中級	ペア/グループ	形容詞＋そうです	様子		Googleスライド
49	どんな比喩？	初中級	個人/グループ	～のような、～のように	比喩・比況		Googleスライド
50	ワークシートで穴埋めクイズ	初中級	個人	敬語	尊敬・謙譲		Googleスライド
51	形容詞ワードサーチ	初級	個人/グループ/クラス			5分	Wordwall
52	イラストでスリーヒント	初級	個人/クラス			5～10分	スライド
53	何秒で言えるかな？	初級以上	個人/ペア			5分	Googleスライド
54	カテゴリーを当てよう	初級以上	グループ/クラス			5分	スライド
55	漢字の一部を隠したけど、わかる？	初級以上	個人/グループ/クラス			5分	Googleスライド
56	どれがなくなった？	初級以上	ペア/グループ			5分	Googleスライド
57	仲間外れはどれ？	初級以上	個人/グループ/クラス			5～10分	スライド
58	記憶力テスト	初級以上	個人/クラス			5～10分	スライド
59	イラストはどっちだ？	初級以上	クラス			5～10分	スライド
60	カテゴリーは何だ？	初級以上	クラス			5～10分	スライド

活動早見表 61〜75

活動	タイトル	レベル	形態	文型	機能	時間	ツール
61	ルーレットで文作成	初級以上	グループ			5〜10分	Wheel of Names
62	鏡文字、わかるかな？	初級以上	個人/ペア/クラス			5〜10分	Googleスライド
63	体の言葉を使った慣用句	初級以上	個人/ペア			5〜10分	スライド
64	規則を探せ！	初級以上	グループ/クラス			5〜20分	スライド
65	頭文字から推測できる？	初級以上	クラス			10分	スライド
66	メモリーチャレンジ	初級以上	個人/ペア/グループ			10分	スライド
67	シンプル質疑応答	初級以上	ペア			15分	スライド
68	漢字を組み立てよう	初級以上	個人/ペア			10〜15分	Googleスライド
69	オンラインかるた	初級以上	グループ			10〜15分	Googleスライド
70	言葉シャレード	初級以上	グループ→クラス			15〜20分	Zoom
71	神経衰弱	初級以上	個人/ペア/グループ			15〜20分	Match the memory
72	○○といえば!?	初級以上	ペア/グループ			15〜20分	Googleスライド
73	この単語、何？	初級以上	クラス→グループ			5〜10分	-
74	再現せよ！	初中級以上	個人/ペア/グループ			10〜15分	Zoom
75	思いつく限り	初中級以上	グループ			15〜30分	Googleスライド

活動早見表

活動	タイトル	レベル	形態	文型	機能	時間	ツール
76	単語、思い出せ！	初中級以上	個人/グループ/クラス			20～30分	Wheel of Names
77	五感を使え！	初中級以上	グループ/クラス			20～25分	Googleスライド
78	カテゴリーひらがな表	初中級以上	グループ			20～30分	Googleスライド
79	20回以内に当てて！	中級以上	ペア/グループ			5～10分	-
80	共通の言葉を探せ！	中上級	個人/ペア/グループ			10～15分	-
81	何に使いますか？	初級以上	ペア			20分	スライド
82	季節のイベントを紹介しよう	初級～中上級	個人/ペア			20分	スライド
83	なぞなぞ解説	初中級以上	ペア/グループ			10～20分	スライド
84	間違い探し	初中級以上	ペア			10～15分	スライド
85	短文描写	初中級以上	クラス			15～20分	Zoom
86	ご当地キャラを作成しよう	中級以上	ペア/グループ/クラス			40～50分	スライド
87	そっくりな絵が描けたかな？	中級以上	ペア/クラス			20～30分	Padlet
88	何が違う？	中級以上	ペア/クラス			20～30分	スライド
89	アプリコしてみよう	中級以上	グループ			50分	Zoom
90	納得度1位！	中級	個人/クラス			30～40分	スライド

●活動早見表 76～90

第5章

ツール詳細

オンライン授業で活用できるツールはいろいろありますが、中でも、特に語学教育で有効な使い方ができるツールと、その使い方をご紹介します。デジタルが苦手な方でも、一つずつステップを踏んでいけば、必ずツールが使いこなせるようになります！

本書でご紹介している教材は、全て以下から無料でダウンロードできます。

https://edujapa.com/mikke/level/online90_activitysite/

AutoDraw（オートドロー）
https://www.autodraw.com/

●基本の使い方

画面左側、縦一列に並んでいるアイコンがメニューです。ペンアイコンをクリックすると、キャンバスに絵を描くことができます。ペンの色を変えたり、図形やテキストを入れたりすることもできます。通常のDraw機能（①）を使用すると、手書きの描画がそのままボードに反映されます。AutoDrawのペン（②）を使用すると、手書きの絵をAIが自動で判定し、近いと思われるイラストの選択肢が画面上部に並べられます。選択肢から１つ選びクリックすると、手書きのイラストがきれいなイラストに変換されます。手書きの良さを活かしたい場合は通常のDrawペン（①）を、誰が見てもわかるような形が整えられたイラストを作成したい場合はAutoDrawペン（②）を使うといいでしょう。

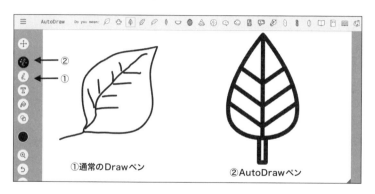

①通常のDrawペン　　②AutoDrawペン

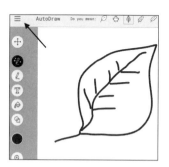

関連アクティビティ
→活動 25、28、40

●描いた絵をダウンロードする方法

描いたイラストを画像またはリンクとして共有したい場合、左上の３本線アイコンを押します。

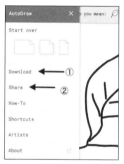

Download（①）を押すと、キャンバス上にある絵が画像として自分のコンピュータに保存されます。Share（②）を押すと、描いた絵を他の人とURL（リンク）で共有できます。

ツール詳細

Book Creator（ブッククリエイター）
https://app.bookcreator.com/

●基本の使い方

Book Creatorで作った本（以下、オンラインブック）を読む場合は、左右の矢印をクリックしてページをめくります。または、マウスでページをクリックしたまま右から左に動かすことでも、次のページに進むことができます。

関連アクティビティ→活動1、12

●作った本を共有する方法

Book Creatorではオンラインブックを読むだけでなく、自分でオリジナルのオンラインブックを作成することもできます。作成したものは、オンラインで一般公開したり、本へのリンクをコピーしたりして、他の人と共有することができます。

作ったオンラインブックを共有するには、画面下部の真ん中にある共有ボタンを押します。出てきたメニューの中からPublish Online（オンライン公開）を選び、必要情報を入れることでオンライン上で共有が可能になります。

●複数の本を１冊にまとめる方法

複数の本を１つに統合したい場合は、画面下部にある３つのアイコンのうち、一番左にある本のマークを押します。その中から「本を統合する」を押して、まとめたい本を全て選択することで、複数の本を１冊の本にすることができます。この機能は、学習者それぞれが作ったオンラインブックを、最後にまとめて１冊にしたい時などに便利です。

関連アクティビティ→活動1、19、22、23、27、30、35、41

genially (ジーニアリィ)
https://app.genial.ly/

●基本の使い方

スライドに画像やボタンを配置し、そのボタンをクリックすると単語や文章を表示するオンライン教材が作れます。音声挿入ボタンを作っておけば、ボタンを押して音声を聴くという活動も入れられます。テンプレートを編集して教材を作成、または、真っ白なスライドを使って最初から自分で教材を作成していく方法があります。

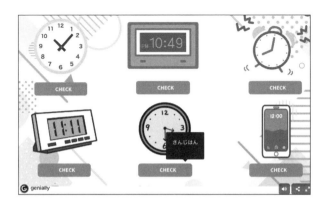

●リンクの共有方法

教材を作成し、完成したら共有用のリンクを取得することで、学習者にその教材を渡すことができます。共有するには、右上にある共有アイコンをクリックします。

同じリンクを複数の学習者と共有しても、個々で挑戦できる別々の教材になります。音声やテキストで指示を入れておき、各自で問題をこなしていくような自習教材として使うのにおすすめです。

関連アクティビティ→活動 4、5、11、16

●Draggable機能

genially(ジーニアリィ)には、指定したイラストを自由に動かせる教材を作ることができるDraggable(ドラッガブル)という機能があります。この機能を使うと、音声を聴いて該当するイラストを動かしたり、単語とイラストをマッチングさせたりする活動を作ることができます

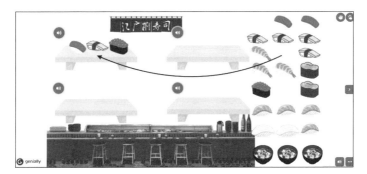

関連アクティビティ→活動 43

Google スライド (グーグルスライド)
https://www.google.com/slides/

●テキストボックスの挿入方法

「挿入」→「テキストボックス」を選択するか、テキストボックスのアイコンを選択します。スライド上でマウスをクリックすることで、どこでも好きな箇所に文字を入れることができます。

関連アクティビティ→活動 50、75

●図形の挿入方法

「挿入」→「図形」を選択して好きな形の図形をスライド上に入れることができます。図形アイコンをクリックしても同様の操作ができます。好きな形を1つ選択し、スライド上でマウスをクリックすることで、図形を挿入できます。図形の位置はマウスで自由に移動させることができます。挿入した図形をダブルクリックすると、その図形の中に文章を書き込むことができます。

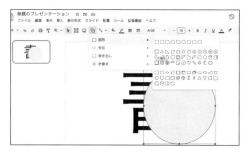

関連アクティビティ
→活動 33、55、69

●フリーハンド機能で描画を追加する

線のアイコンをクリックし、さらに「フリーハンド」を選択すると、スライド上に簡単な線を引くことができます。線の太さや色も自由に変えることができます。

ツール詳細

● 鏡文字を作る方法

文字を反転させて表示させたい場合（鏡文字）、「ワードアート」機能を使うと便利です。「ワードアート」というのは、文字に装飾を施して画像のように取り扱うことができる機能で、通常のテキストボックスではできないデザインを加えることができます。使用するには、「挿入」→「ワードアート」を選択し、鏡文字にしたい単語や文をタイプして入れます。

関連アクティビティ→活動 62

挿入されたワードアートの上で右クリックをすると、「回転」というメニューがあります。これで、左右反転、上下反転をさせることができます。

● 画像を背景として挿入

スライド上に画像をそのまま入れた場合、画像はいつでも動かせる状態として挿入されます。画像を「背景」として挿入することで、その画像は背景に固定されるため動かなくなります。その上にテキストボックスや他の画像を入れたい時に便利です。まず、「スライド」→「背景を変更」を選択します。

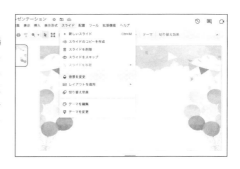

「画像を選択」から好きな背景画像をアップロードし「完了」を押すと、スライドの背景に画像が固定されています。

関連アクティビティ→活動 17、50

229

●スライドの複製方法

元となるスライドを1枚作っておき、同じスライドを複製したい場合、「スライドのコピーを作成」機能を使います。元となるスライドの上で右クリックをし、出てきたメニューの中から「スライドのコピーを作成」を選択します。

関連アクティビティ→活動7、17、37

1つのファイルを複数の学習者と共有し、各人に1枚ずつスライドを割り当てて活動をさせたい時に便利です。

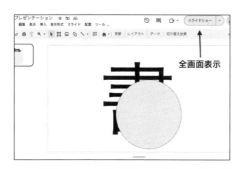

●編集画面とスライドショー（発表画面）の切り替え

編集画面では図形やテキストボックスなどを挿入し移動させることができます。スライドショーモードは、全画面表示にしてプレゼンテーション（発表）をする際に便利です。

関連アクティビティ→活動55

スライドショーモードと編集モードは、活動の種類に応じて切り替えて使用するのがおすすめです。

●ファイルの共有方法

1つのGoogleスライドを他の人に共有する場合は、画面右上の共有ボタンを押します。

共同編集したい場合は「編集者」、閲覧のみの場合は「閲覧者」を選択し、「リンクをコピー」を押します。コピーされたリンクを他の人に共有することで、スライドの中身を閲覧または編集することができるようになります。

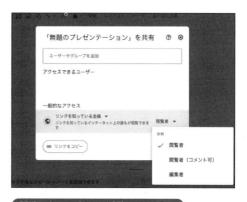

関連アクティビティ→活動7、40、42

> ツール詳細

Padlet（パドレット）
https://padlet.com/

●ボードとセクションの設定

1つのボードを用意し、そこに複数の人が画像や文字情報を投稿できるようにします。「Padletを作成」から新規ボードを作成しますが、Padletにはボードの種類がいくつかあります。それぞれ例を見ながら好きなボードの形を選んでください。「セクション付き」の方から選ぶと、1つのボードの中でさらに「セクション1」「セクション2」と、いくつかのセクションに分けることができます。

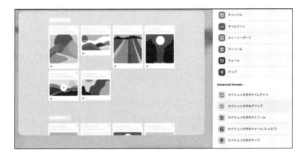

●基本の使い方

画面右下にある投稿ボタンを押して投稿します。投稿したものは、自由に位置を動かすことができます。文章以外の媒体で投稿したい場合、右端の三点アイコンから「その他のメニュー」を選びます。

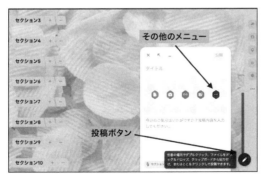

描画やファイルアップロードなど、活動に必要なものを選んで投稿します。動画レコーダーやスクリーンレコーダーなど、アップロードや使用するまでに時間がかかるものもあるので、注意が必要です。

> 関連アクティビティ→活動21、45

●描画の挿入方法

メニューの中から描画アイコンを選択することでキャンバスに絵や文字を描くことができます。一度キャンバスの外をクリックすると絵が消えてしまうので注意してください。描いた絵は「保存」ボタンを押し、その後「投稿」ボタンを押すことでボードに共有されます、一度挿入した描画は編集できないため、間違えた場合は削除して新しい描画を再度入れる必要があります。

関連アクティビティ→活動87

●コメントやリアクションをする

同じボードに入った参加者は、他の人の投稿にコメント機能やリアクションボタンを使って反応を示すことができます。リアクションボタンはハートや星、数値による点数などいくつか種類があります。リアクションボタンやコメント機能が表示されていない場合は、ボードの作成者が設定からこれらの機能をONにする必要があります。

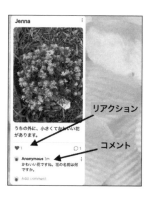

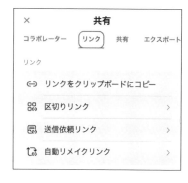

●Padletを共有/招待する方法

Padletのボードを作ったら、そのボードに他の人を招待またはリンクを共有することで、同じボード上での作業が可能になります。プライバシー設定を変更することで、Padletを共有された側は「閲覧可能」「書き込み可能」「編集可能」のいずれかの権限が与えられます。

ツール詳細

Wordwall（ワードウォール）
https://wordwall.net/

●基本の使い方
無料版の場合は5つまでという制限がありますが、さまざまな種類のオンラインゲームを作ることができます。単語や画像を入れて、ゲームを作成します。

●タイマーやストップウォッチの使い方
作成したゲームは通常通りプレイすることもできますが、タイマーやストップウォッチの機能を使用することもできます。ゲームプレイ画面を下にスクロールしていくと、詳細設定をする画面があります。TIMER（タイマー）がCount up（カウントアップ）に設定されている場合は、ストップウォッチ形式でゲームを完了するのにかかった時間が測られます。Count downの場合は、制限時間以内にゲームを完了することが求められます。なお、この機能を使うにはWordwallにログインしている必要があります。

関連アクティビティ→活動26

Zoom（ズーム）
https://zoom.us/

●背景設定

ビデオをONにしている時、背景を変えることが可能です。ビデオの設定画面から、バーチャル背景設定画面に行きます。「画像を追加」から背景に入れたい画像をアップロードします。

関連アクティビティ→活動2

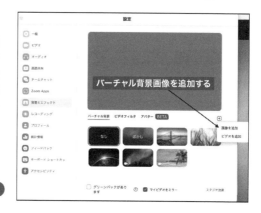

●参加者の名前の変更

参加者はZoom上で使う名前を自由に変更することができます。これを上手に活用した活動を行うこともできます。例えば、名前の前に番号を入れておき、後ほどその番号に沿ってグループ分けをすることができます。「参加者」→「詳細」→「名前の変更」から自由に名前を変更することができます。

●ブレイクアウトルームの使い方

ブレイクアウトルーム機能を使うと、学習者を複数のグループに分けることができます。ブレイクアウトルームボタンを押し（①）、作りたい部屋の数を設定します。そして振り分け方法を選択します（②）。ランダムにグループ分けをしたい場合は「自動で割り当てる」を、教師が手動でグループ分けをしたい場合は「手動で割り当てる」を、学習者に自由に部屋を移動できるようにさせたい場合は「参加者によるルーム選択を許可」を選びます。設定が完了したところで「作成」ボタンを押してブレイクアウトルームを開きます（③）。

> ツール詳細

●画面共有をする方法

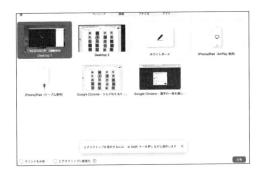

画面共有ボタンを押して、自分の画面に出ている情報を他の参加者にも共有します。複数のウィンドウを開いている場合は、共有したい画面を選びます。右下の共有ボタンを押すと、選択した画面が他の参加者にも見えるようになります。音声も一緒に共有したい場合は、左下の「サウンドを共有」にチェックを入れてから共有します。

●ブレイクアウトルームにメインルームの画面を共有する方法

ブレイクアウトルームに入ってグループで活動している間に、メインルームにいる教師の画面を各ルームに共有することができます。ブレイクアウトルームを開いた状態で画面共有ボタンを押すと、「ブレイクアウトルームに共有」という文字が出てきます。それにチェックを入れてから、右下の共有ボタンを押すことで、メインルームで共有している内容をブレイクアウトルームに共有できます。

参考文献

- ケビン・キャロル、ボブ・エリオット(2015)（高松 綾子 訳）『ビジネスは30秒で話せ！(短く、魅力的に伝えるプレゼンの技術)』すばる舎

- 佐藤淳子(2021)「同期型オンライン授業を用いた協働学習で学生は何を学んだか：学生からの振り返りを中心に」『日本語・国際教育研究紀要』24、61-83

- 鈴木英子・佐藤紀生・秀眞知子・佐藤佳子(2015)『どんどんつながる漢字練習帳 初級』アルク

- 野口潔・大須賀茂[編著]、田邊和子・嶋津百代・岡田彩・安志英・水戸淳子（2023）『はじめてみませんかリレー作文　新しい協働学習の試み』ココ出版

- 横溝紳一郎・山田智久(2019)『日本語教師のためのアクティブラーニング』くろしお出版

- グループ・ジャマシィ(1998)『教師と学習者のための日本語文型辞典』くろしお出版

- 森薫葉(2018)「身体部位詞を含む慣用表現に関する認知言語学的研究―首とneckの比較を中心に―」『東京女子大学言語文化研究』27、86-113

- 砂川有里子・朱桂栄(2008)「学術的コミュニケーション能力の向上を目指す―中国の日本語専攻出身の大学院生を対象に―」『日本語教育』138、92-121

- 辻靖彦・高比良美詠子・稲葉利江子・田口真奈（2022）「コロナ禍におけるICT利用に基づく類型と学習者の受講態度との関連」『日本教育工学会論文誌』46(4)、653-666

- 鈴木克明(2021)「大学教育の新たなブレンド型モデルの構築に向けた提言」『教育システム情報学会第46回全国大会』77-78

- 宮地功[編]、安達一寿・内田実・片瀬拓弥・川場隆・高岡詠子・立田ルミ・成瀬喜則・原島秀人・藤代昇丈・藤本義博・山本洋雄・吉田幸二（2009）『eラーニングからブレンディッドラーニングへ』共立出版

- Azmin, N. (2016) Effect of the Jigsaw-Based Cooperative Learning Method on Student Performance in the General Certificate of Education Advanced-Level Psychology: An Exploratory Brunei Case Study. *International Education Studies*, 9(1), 91-106.

- Aronson,E. & Patnoe,S.(1997) *The Jigsaw Classroom: Building Cooperation in the Classroom* (2nd Edition). Longman.

- Davies,N.(1982) Training fluency: An essential factor in language acquisition and use.*RELC Journal*,13(1),1–13.

- Doughty,C. & Pica,T.(1986)"Information gap"tasks:Do they facilitate second language acquisition?.*TESOL Quarterly*,20(2),305-325.

- Giesbers,B.,Rienties,B.,Tempelaar,D. & Gijselaers,W.(2014) A dynamic analysis of the interplay between asynchronous and synchronous communication in online learning: The impact of motivation. *Journal of Computer Assisted Learning*, 30(1),30–50.

- Hashempour,B. & Mobini,F.(2022) The effect of interactive Jigsaw method on Iranian EFL learners' reading skill and anxiety. *IJREE,*7(4),73-88.

- Ibodullayevna,A. & Qodirovna,X.(2020) The effectiveness of group work and pair work for students of English at undergraduate level in high schools. *EPRA International Journal of Research & Development*,5(3),55-56.

- Khan,A. & Mumtaz,A.(2017) Investigating the effectiveness of cooperative learning method on teaching of English grammar. *Bulletin of Education and Research*,39(1),1-16.

- Vernon,S.(2021) *ESL Online Games: Have Fun Teaching English-Interactive Activities to Engage Students of All Ages and Bring the Joy of Learning into Your Virtual Classroom*,Nielsen.

URLs

- オンライン名刺ジェネレーター
  https://online-meishi.biz/
- 京都大学オンラインコネクト
  https://www.highedu.kyoto-u.ac.jp/connect/teachingonline/patterns.html
- 多数決さん
  https://tasuketsu.com/
- 東京大学 大学院総合文化研究科・教養学部附属 教養教育高度化機構 アクティブラーニング部門
  https://dalt.c.u-tokyo.ac.jp/tips/almethod/a2873/
- なぞなぞ学園
  https://nazogaku.com/normal/
- ホームメイト全国ご当地キャラ
  https://www.homemate.co.jp/chara/
- めしあがれ
  https://one-taste.org/meshiagare/
- AutoDraw
  https://www.autodraw.com/
- Bingo Baker
  https://bingobaker.com/
- Bingo Card Generator
  https://osric.com/bingo-card-generator/
- Classroomscreen
  https://classroomscreen.com/
- ESL SPEAKING
  https://eslspeaking.org/fun-whiteboard-activities/
- Wheel of names
  https://wheelofnames.com/ja

坂本 正
（名古屋外国語大学大学院特任教授・名誉教授、南山大学名誉教授、青森大学客員教授、インドネシア国立パジャジャラン大学客員教授、愛知国際学院相談役）

略歴：専門は日本語教育学、第二言語習得論。東京理科大学卒業、米国ウィスコンシン大学マディソン校で修士課程、ボストン大学で博士課程修了。1978年から1986年まで米国で、1986年から2023年まで日本で教壇に立ち、著者の岡田彩氏は南山大学時代のゼミ生。授業中もダジャレを飛ばし、楽しい授業を心がけている。

岡田 彩
（米国・州立オクラホマ大学専任講師）

略歴：南山大学で日本語教育学を専攻し、米国パデュー大学にて修士課程修了。ワシントンアンドリー大学、パデュー大学アシスタントを経て現職。著作に『はじめてみませんか リレー作文 新しい協働学習の試み』（2023年、ココ出版、共著）がある。2014年にウェブサイト「EduJapa!」を創設。

【改訂新版】
オンライン授業で使える日本語活動集90

2023年10月5日　第1版第1刷発行
2024年10月25日　改訂新版第1版第1刷発行

著者：岡田 彩
監修：坂本 正

編集：株式会社エンガワ

装丁：松本田鶴子

発行人：坂本由子
発行所：コスモピア株式会社
　　　　〒151-0053　東京都渋谷区代々木4-36-4　MCビル2F
営業部：TEL: 03-5302-8378　email: mas@cosmopier.com
編集部：TEL: 03-5302-8379　email: editorial@cosmopier.com

https://www.cosmopier.com/（コスモピア公式ホームページ）
https://e-st.cosmopier.com/（コスモピアeステーション）
https://kids-ebc.com/（子ども英語ブッククラブ）
印刷：シナノ印刷株式会社

©2024　Aya Okada, Tadashi Sakamoto

コスモピア

全ページフルカラーの絵辞典

外国人が日本で生活する上で必須の単語や表現の数々を、カラフルな写真とイラストを見ながら覚えることができます!

外国人学習者と日本語教師のために、英語、中国語のほかに、近年急増中のベトナム人向けにベトナム語のルビを併記。

にほんご絵じてん

監修:坂本 正
協力:にほんご絵じてん・
プロジェクトチーム
コスモピア編集部 編
A5判フルカラー書籍 222ページ
音声ダウンロード+音声付き電子版
定価 2,530円(税込)

●本書の構成

Part 1 日本の文字
Part 2 年・月・日と数字
Part 3 季節と行事
Part 4 体と体の動き
Part 5 私と家族と家
Part 6 道路と交通機関、街にあるもの
Part 7 食べ物と飲み物
Part 8 レストランとメニュー
Part 9 昆虫・鳥・動物
Part 10 衣服
Part 11 世界の地理・自然・気象・宇宙
Part 12 ようす・気持ち
Part 13 学校
Part 14 レクリエーション
Part 15 日本的なこと
Part 16 仕事と会社
Part 17 サバイバルの知識

●送料無料! 直接のご注文は https://www.cosmopier.net/

英語学習のための e-learning プラットフォーム

eステ

新コンテンツ、続々追加！

今すぐ、多聴多読ができる

英語読み放題コース

毎月 880円（税込）

登録数 約3,000タイトル*

やさしいレベルからスタートできるシリーズが勢揃い！

全タイトル音声つき

TIME誌の子ども版 Time For Kids からのリーダーシリーズ、続々追加中！

世界文学のリライトや、カルチャー情報など。Teen向けリーダー、ELI Teen Readers。

🎧 英語聞き放題コース

毎月 550円（税込）

さまざまなジャンル、レベル別に分かれたコンテンツを活用し放題！

日々のニュース、スターのインタビュー、ネイティブのなま会話など、音声を使ってシャドーイングしよう！

登録数 約4,600タイトル*

読む ＋ 聞く

セットコース

毎月 990円（税込）

聞き放題コース、読み放題コースの両方がご利用いただけるお得なセットコース

まずは無料会員登録から

＊本書籍の音声、スクリプト、訳、語注は「コスモピアeステーション 聞き放題」に収載されています。

● 無料会員登録をしていただくと、「聞き放題」コースのコンテンツを毎月3本まで、「読み放題」コースの Chapter 1 コンテンツを毎月3本までご利用いただけます。
● 学校や塾での利用については、inquiry@cosmopier.com までメールでお問い合わせください。

https://e-st.cosmopier.com/

＊2024年9月時点。コンテンツは毎月増えていきます。
＊上記サービスの料金、内容は予告なく変更されることがあります。最新の情報は上記サイトでご覧ください。